福井の逆襲

県民も知らない？
「日本一幸福な県」の実力

内池久貴

言視舎

プロローグ　ビミョーすぎる県

あえて、ひとから指摘されたくないことがある。

たとえば、インターネット上の『goo ランキング』の中には「**実はどこにあるかわからない都道府県ランキング**」というものがあるが、そこで福井県は二位になっている。

内心そんなものだろうなと思っていても、わざわざひとから言われたくはない。

物書きが編集者に名刺を渡して、「聞かない名前ですね」と言われたなら、けっこうつらい。それと同じだ。

福井県の場合、全国八地方区分では「中部地方」になるが、そのなかで「北陸地方」と分けられることもあるし、「近畿地方」に入れられたり外されたりもする。立ち位置の定まりにくい県であるのは確かだ。そんなことは大抵の福井人が自覚している。

県外に出たことがあるなら、なおさらそうだ。出身を聞かれたときに「福井県です」と答えると、相手が一瞬、戸惑いの表情を浮かべることにはすぐに慣れる。

「九州？」

「東北？」

そう返してくるひとたちには何人も出会った。彼ら彼女らはおそらく、福岡や福島と混乱しているのだろう。言っては悪いが、「福」しか合ってない。

福岡なんて、福井とは間違えようがないほどの人口を抱える個性的な県だし、福島の場合はまあ、何年か前まではピンとこないのもわからなくはなかった。ただ、つらい話になってしまうが、震災後の現在は多くの人たちが福島の位置などをおよそ認識している。それで結局、福井は、福のつく県のなかでは最もマイナーな存在になったわけである。

『Yahoo! 知恵袋』の中では**「福井県と島根県ってどっちが地味？」**などといった質問が出されていたりする。

なぜ、福井と島根の二県を選んで名指しするのか⁉と腹立たしいが、「実はどこにあるかわからない都道府県ランキング」では、福井県が二位なのに対して島根県は一位なのである。

三位は栃木県で、四位は群馬県、五位は鳥取県だ。

およその位置はわかっていても、日本地図の中でズバリと指し示すことができるかと問われれば、個人的には自信がない県ばかりだ。

この原稿を書いていた頃に美容室に行き（本当は一〇〇〇円散髪だけど）、髪を切ってもらいながら出身が福井県だと話していると、担当の女性からは「……北陸ですよね？」と自信のなさそうな声が返ってきた。「位置特定の難しい県ですから」とかばうと、「わたしも位置特定の難しい県で、栃木です」と返された。

該当県の出身者はそれを自覚しているということだ。ひとから言われるまでもない。

『桃太郎電鉄』というゲームをご存知だろうか。

僕の学生時代……、一九八八（昭和六十三）年にファミコンソフトとして発売されたもので、その後も二十作以上のシリーズ作品が出続けている人気ゲームだ。プレイヤーが電鉄会社の社長となり日本全国を旅して回りながら、各地でビジネスを展開するための「物件」を買って収益をあげていく。

僕がやっていた二十数年前の初期バージョンでは、**福井県敦賀《つるが》駅の物件が「セメント工場」**となっていて、立ちくらみしそうな軽い衝撃をおぼえた。

言っては悪いが、地味である。

敦賀市は僕の出身地だ。名産品も含めた主要産業としてセメントが選ばれたのは複雑だった。そしてまた、幼稚園に通っていた頃の僕の夢が「セメント会社の社員」だったことも思い出してしまった。

「自分の夢を絵にしなさい」というお題が出されたときに、悩みながらも「会社員」と答えたのだ。うちの家は商売をしているので、日曜日に家族でお出かけをする友達の家庭がうらやましかったからだろう。そこで先生に「会社員といってもいろいろあるけど、何になりたいの？　それは絵にできるの？」と聞かれて、弱ってしまった。それでも、四、五軒隣りに住む友達のお父さんがセメント会社で働いていることを思い出し、「セメント会社」と答え、ローリーと呼ばれる運搬車の絵を描いたのである。

先生の顔には「子供らしくない……」という失望の色が浮かんだのもなんとなく覚えている。だが、それから十年以上経ち、学生になって『桃太郎電鉄』をやっていたときには、何をおいてもセメント工場を買うようになっていた。十億円くらいしただろうか。ゲームだから買えたわけだが、本音をいえばあまり買いたくなかった。収益はいつも少なかったのだ。

それでも僕は、大学を卒業したときにはなぜか、セメントを扱う福井の会社に入社していた。それも運命だったのだろうか。「三つ子の魂、百まで」を地でいったことにもなる気がするが、その会社は九カ月で辞めてしまった。人生、そんなものである。

私的な話になってしまったので、話を戻す。

『桃太郎電鉄』もシリーズが進むと、福井県の物件はご当地グルメ色が強くなっていった。

小浜駅の「焼きサバ寿司屋」、敦賀駅の「とろろ昆布工場」、福井駅の「水ようかん屋」や「ソー

スかつ丼屋」などが登場してきたのだ。

これらの専門店がそんなに多いかといえば、そもそも疑問だが、それぞれに福井が誇る味であるのは間違いない。

ただ、それならば『桃太郎電鉄』には「**コシヒカリのおにぎり屋**」も加えてほしかった気がする。店名は違ってもそういう店はあるし（少なくとも焼きサバ寿司屋やソースかつ丼屋よりは多い）、ゲームによって認知度を広めるためである。

福井には、いろいろとビミョーな部分が多いが、その例のひとつとしてよく挙げられるのがコシヒカリ問題だ。〝失われたコシヒカリ〟とでも呼ぶのがいいだろうか。

日本が誇るこの品種を誕生させたのは福井県である。

福井人の多くはそれを知っているが、全国の人たちがそれを知っているのか、というと、認知度はかなり低い。

県外の人に「**コシヒカリは福井で生まれたんだよ**」と言えば、決まって意外そうな顔をされる。「だからどうした!?」という顔をされることも多い。場合によっては疑いの目を向けられることだってあるほどだ。コシヒカリに関しては、それほど新潟に持っていかれた感が強いのである。

よくよく調べてみると……、コシヒカリを生み出した種子は新潟で作られていたとか、コシヒカリ誕生後に新潟のほうが先に奨励品種として登録していたという事情があったことはわかる。だが、それにしてもだ。

多くの福井人は損をしたように思っている。

東京のスーパーなどで福井のコシヒカリが売られているところはあまり見かけない。それでも、実際に食べてみれば、福井のコシヒカリは本当においしい！

新潟に対して敵意はないにしても、もう少し「コシヒカリ＝福井」というブランドイメージができていたならどうだったろうか。

「コシヒカリの里」として、福井を豊かにするビジネスができたのではないかと思われ、残念だ。


話は変わるが、**宇野重吉**という俳優がいた。

僕が子供の頃、「福井出身のタレント」ということでツートップになっていたのが、その宇野重吉と**五木ひろし**だった。

宇野重吉は紫綬褒章を受けている名優である。ただ、僕の世代になると、若い頃の活躍はリアルタイムでは見られていない。演じる役はだいたい老人になっていた。五木ひろしは僕が小学生の頃から紅白歌合戦でトリをつとめるような国民的歌手だったが、「みれん」だとか「おまえとふたり」といったヒット曲にどう反応すればいいかは難しかった。要するに、子供の頃、あるいは十代の頃の感覚でいえば、この二人の存在もまたビミョーだったということだ。失礼な話である。

それでも、福井出身のタレントとしてまず名前が浮かぶのはこの二人であるのは間違いなかった。当時の福井人なら誰でも、そこに迷いをもつことはなかったはずだ。

では、**三人目は誰**になるのか？

そこに関しては、見解はそれぞれになっていたのだと思う。僕の場合、地元の有名人自慢として、名前を挙げていたのは、ヒゲ辻……、正確にいうと、**ヒゲ辻の弟さん**だった。

「敦賀駅の近くにはヒゲ辻の弟さんがやっている魚屋さんがある」

よくそう言っていたものだ。

それ自体、どうかと思う。この言葉からもわかるように、ヒゲ辻の弟さんは、いわゆるタレントではなく魚屋さんだ。その魚屋さんは老舗で、越前がにや地魚を買いたいお客さんのために観光バスが停まるほどの店ではあるが、だからといって一般人の域は出ない。そのため、「弟といっても、ヒゲ辻によく似ているゾ」と付け加えるのを忘れなかった。

ビミョーを通り越している。

そもそもヒゲ辻といって、わかってもらえるだろうか。

若い世代であれば、福井人でも知らない人のほうが多いのではないかと思われる。

ヒゲ辻こと**辻佳紀**。

阪神タイガースのキャッチャーとして活躍し、オールスター戦にも出場している。ヒゲ辻と呼ばれたのは、同姓のチームメイト、辻恭彦（＝こちらはダンプ辻）と区別するためだ。

ヒゲ辻というだけあって、ヒゲは生やしていた。というよりも「ヒゲを生やしたプロ野球選手のハシリ」的な選手だったし、「引退後にバラエティ番組で活躍するプロ野球選手の先駆け的存在」

にもなっていたのだから、なかなかの人物だ。

ただ、田淵幸一が阪神に入団したことで正捕手の座は奪われてしまったし、残念ながら四十八歳の若さで亡くなっているので、いまではかなりの野球通でなければ知らない存在になっている。

僕の大学入学当初くらいまではギリギリ通用しただろうか。その頃は存命だったし、テレビにも出ていた。それでけっこう、大学で東京に行ってからも、このことを自慢していたのだ。

ヒゲ辻そっくりの弟さんがトロ箱を持って汗する姿を毎日見ていたからこそ、他の有名人とは違った身近さを感じていたのだと思う。

とはいえ、福井出身の有名人として、宇野重吉と五木ひろしに次ぐ三番目の存在としてヒゲ辻（あるいはその弟さん）を挙げていたというのはやはりビミョーだ。

それはお前だけだろ、と言われるかもしれないが、他の誰かを挙げていた人たちにしても、どこかしらビミョーな違和感を抱いていたのではないかと思う。

そういうところもまた、いかにも福井らしい。


正直にいえば、福井県で過ごした高校時代まで、地元愛というものはそれほどなかった。

だが、福井県を離れて東京で暮らす期間が長くなるにつれ、わかってきた良さがある。

たとえば子供の頃には、魚があまり好きではなかったが（念のために書いておくが、ヒゲ辻兄弟の話とは関係ない）、東京の魚を食べてみて、味の違いに驚いた。

〜くもりガラスの
向こうに
宇野重吉♪
寺尾聰の
父である
ぼんやりと覚えているのは貧乏な老人役とかばっかやってた人ト
ま、イメージですけどネ

福井県の魚はとにかくうまいのである！

東京に出てはじめてわかったことだ。

社会人になったあと、東京の日本料理店でお刺身を食べる機会をもったことがある。自分ひとりではとても行けないような高級な店だった。そのとき、福井から出てきていた当時の上司二人は、他の料理は食べても、刺身だけは、ひと切れかふた切れ、箸をつけただけで食べるのをやめてしまった。皿を下げようとする仲居さんに対して申し訳なさそうな顔をしていたような紳士的な人たちだったにもかかわらずだ。

僕の場合はまあ、大学から東京に住んでいたので、居酒屋チェーン店の刺身であっても食べられるようにはなっていた。いまはチェーン店でもずいぶんおいしいものが増えているが、その当時は、正直、チェーン店で刺身などを注文する人の気がしれないと思いながら食べていた。それにくらべれば、さきの日本料理店の魚のレベルはかなり上だったので、普通に食べられた。だが、ふだんは福井の地魚を食べている人たちがすぐに箸をおいてしまった気持ちもわからないではなかった。それほどの違いがあるということだ。

そういう魚を毎日食べられるということは、それだけでも幸せだ。

大げさではなく人生が充実する。

福井に住む福井人は、まずそのことを自慢していいのだと思う。少なくとも自覚しておかなければならない。

いま、生活の中心を東京においている僕は、福井の刺身をいつもは食べられない。それで「**へしこ**」や「**ニシンのすし**」をお取り寄せするようにもなったりしているくらいだ。

福井人でなければ、へしこやニシンのすしといっても、どんなものかわからない人が多いだろう。あとでも解説するが、愛すべき郷土料理だ。

『桃太郎電鉄』の中にも「へしこ屋」や「ニシンのすし屋」を入れてほしいくらいだ。

ひとから見れば、どこにあるのかもわからないビミョーな県かもしれないが、自慢できるものは多いし〝逆襲〟するための材料はある。

文章を書くことを生業としている福井県出身者として、そういうものを世間に示してみたい。

「福井をバカにして、ネタにしているだけじゃないのか?」という印象を持つ人もいるかもしれないが、そんなことはない。

なんともいえないビミョーな感までをひっくるめての福井県を、多くの人に知ってもらい、愛してほしい。

そう思って、この原稿を書き始めた。

〝福井の人にも、福井の人ではない人にも読んでもらいたい〟

書き進めていくほど、その思いは強くなっていった。

それだけ自分が福井を愛していることをあらためて知ったのだ。

目次

石川県
あわら市
坂井市
永平寺町
勝山市
福井市
鯖江市
大野市
越前市
池田町
南越前町
嶺北
岐阜県
賀県

福井県略図
越前町
嶺南
敦賀市
美浜町
若狭町
おおい町
高浜町
小浜市
おおい町
京都府

第1章

日本でいちばん幸せな県の「各種ランキング」が不思議議すぎる

1　おもしろすぎる「おもしろデータランキング」

自慢話が過ぎると、人に嫌われる。

でもその自慢が、どこが自慢なのかもわからないような話だったりすると、奇妙な親近感が湧いてきたり、微笑ましく感じられたりすることがある。

たとえば最近知り合った仕事相手から「そうは見えないかもしれませんが、僕は結婚してるんですよ」と聞かされたことがある。

それだけなら珍しいことではない。

ただ、その彼は、翌週会ったときも翌々週会ったときも判で押したように「そうは見えないかもしれませんが……」と同じことを言ったのだ。

三度である。

どう反応すればいいかが難しかった。

その彼を仮に「F君」と呼ぶことにしよう。福井という県は、どこかそのF君にも似たところがある気がする。

▼「全国に誇れるデータがいっぱい」は本当か?

ということで、F君の話は忘れてください。

たとえばWeb上では「福井県のおもしろデータランキング」というページが見つかる（二〇一四年四月現在）。福井県のホームページにある「ふくいけんきっずぺーじ」の中のコーナーだ。子供向けのコーナーのはずだが、かわいいイラストがあることを除けばあまりそんな感じはしない。いかにもお役所的にデータだけが羅列されている。

そのページの序文というか前フリには「**福井県には、全国に誇るおもしろデータがいっぱいあるんだよ**」と書かれているが、そこで紹介されているデータはどんなものか?

そのトップに挙げられているのは「**平均寿命**」である。福井県は男性が八〇・四七歳で、女性が八六・九四歳となっている。

それが全国的にみればどうなのかといえば……、男性が三位で、女性が七位だそうだ（二〇一〇年、厚生労働省「都道府県生命表」「完全生命表」より）。

一位ならわかる。一位なら全国に誇れる。

そもそも、あまり子供向けっぽくはないデータをいちばんに挙げていながら、それが三位と七位であるのはちょっと疑問だ。

ちなみに男性も女性も一位は長野県で（男性が八〇・八八歳で、女性が八七・一八歳）、そういう結果が出るのが然るべき取り組みをしているらしい。であれば、その部門のデータを福井が全国に誇る必要はないはずだ。

では、平均寿命に続いて挙げられているデータは何なのか？

「福井はコシヒカリのふるさと」との見出しのあとに一世帯一カ月あたり米購入金額が挙げられている（二〇〇九年、総務省統計局「全国消費実態調査報告」より）。その順位はどうなのかといえば、三位である。

コシヒカリのふるさとであることを強調したいためにこの位置に置いたのかもしれないが、一位は新潟県だ。そう。コシヒカリの看板を持っていかれたともいえるライバル県である。しかも新潟県は七三九〇円なのに対して、福井県は五三九〇円と、はっきり差をつけられている。それにもかかわらず、いっぱいあるはずの全国に誇れるデータの二番目に挙げられているというのは違和感がある。ありすぎだ。

では、三番目に挙げられているデータは何か？

「三世帯で同居」という見出しで三世代世帯割合なのだが、気になる順位は……、二位である（二〇一〇年、総務省統計局「国勢調査報告」より）。一位が山形県の二一・五％で、福井は一七・六％だ。徐々に順位が上がってきたので、とりあえず四番目のデータには期待がもてる。

どうか？

「**少ない火災件数**」（人口一万人当たり）ということで、こちらもまたまた二位である（二〇一一年、総務省消防庁「消防白書」より）。一位は富山県の一・九二件で、福井は二・三六件だ。

ならば五番目のデータは？

「**手厚い教育**」ということで、県と市町の人口一人当たりの教育費が挙げられていて（二〇〇九年、総務省自治財政局「地方財政統計年報」「都道府県決算状況調」より）、こちらは四位だ。

また順位が下がった。

一位が島根県の一九・〇万円で、福井は一六・七万円である。

▼社長輩出数は本当に一位！

ずっとこの調子なのか、と六番目のデータを見ると……。

「**社長輩出数**」（出身地別・人口十万人当たり）となっている。

どうせ三位か四位だろうと見てみると、こちらはなんと一位だ！

福井は一七五四人で、二位の山梨県は一五四九人となっている。かなりの差をつけることができているのだ（二〇一一年、帝国データバンク「全国社長分析」より）。

だったら、このデータを最初に挙げればいいのではないか⁉

普通はそう思う。そう思うのが普通だ。

にもかかわらず、それをしないのが福井人の謙虚さなのかもしれない。

なにしろ、ひとからもらいものをしたときには「気の毒に」と、相手の負担を気遣う言葉を返すことを習慣化している県民である。

謙虚すぎるほど謙虚だからこそ、堂々の一位に輝いたデータを自慢げに披露するのは気が引けるということかもしれない。

帝国データバンクのこの調査データを見てみると、人口十万人当たりの社長輩出数では福井県が「三十年連続トップ！」だとも書かれているのだから、これは本当に全国に誇れるデータだ。

ただし、帝国データバンクでは、福井県が長年にわたってトップを維持している要因として、次のように分析している。

《大阪や名古屋といった大都市から離れた場所に位置する一方、国内シェア九五％以上を占める「眼鏡枠・部分品産業」、約四〇％を占める「ポリエステル長繊維織物産業」などに代表されるように、古くから外部依存の低い独自の地域産業を築いて事業を立ち上げ、それを次世代に継承する環境が整っていることなどが考えられる》と。

たとえば、隣接大都市部に通勤するサラリーマン家庭が多い埼玉県は四三八人、神奈川県は四四七人、千葉県は四五五人という低い数値になっている。これらの県とくらべれば、福井は約四倍にもなるわけだから、ほめられているのか、けなされているのかもわからない。

「人口十万人当たり」という率ではなく、「**出身地別の社長数ランキング**」でいえば、一位は東京都で十万三七五人なのに対して、福井県は三十四位の一万三九五四人と、ずいぶんランキングが下がるのも事実だ。

社長輩出数一位といっても、「田舎ならではの家内制手工業が多い」と言われているだけのような気がしないでもない。

それでもやはり、地域としても人としても〝自立〟できているということなのだから、これは誇っていいデータであるはずだ。

▼ビミョーな順位と、誇れるデータ

「福井県のおもしろデータランキング」では、この社長輩出数から逆襲が始まるか、と期待されたが、その後に提示されているデータもやはりビミョーだ。

項目と順位だけを挙げていくと……。

●**「自動車所有台数」**（千世帯当たり／二〇〇九年）が二〇四二台で三位――一位は山形県で二一一八台。

●**「預貯金現在高」**（一世帯当たり／二〇〇九年）が一〇八六万円で七位――一位は香川県で一三〇四万円。

●**「救急車の出動数の少なさ」**（人口一万人当たり年間救急出動件数の少なさ／二〇一一年）が三三一・二件で一位！――二位は石川県で三三三・七件。

●**「住まいの広さ」**（持ち家住宅一軒当たり延べ面積／二〇〇八年）が一七二・六平方メートルで二位――一位は富山県で一七九・三平方メートル。

●**「低い失業率」**（労働力人口に占める完全失業者の割合の低さ／二〇一一年）が三・三％で二位――一位は島根県で二・九％。

となっている。

一位に輝いたのは「社長輩出数」のほかでは「救急車の出動数の少なさ」だけだ。

これで、「全国に誇るおもしろデータがいっぱい」といえるのかといえば、やはりビミョーというしかないだろう。

ただしである。「社長輩出数一位」を目立たないようにこっそり書いているのも不思議であるように、福井県には、ほかにも誇れるランキングはいろいろある。

たとえば福井の小学生は、優秀なことで知られる。

二〇一三年には、小学五年生と中学二年生を対象にした**「全国体力テスト」**が実施されたが、実技八種目の合計点では、**小学五年生が男女ともに一位**になっている！　同時に行なわれた中学二年生も、男女ともに二位と優秀だ（小学五年生では男子の二位が新潟県で、女子二位が茨城県。中学二年生では男女ともに一位は茨城県）。

子供向けのページであるなら、こういう結果を紹介するのもいいのではないだろうか。小学生の全国体力テストでは、開始以来五年連続一位というから立派なことだ。

学力テストも負けずに優秀である。

二〇一三年の「**全国学力テスト**」は、一位ではなく、**お得意の二位**だったが（一位は秋田県）、数あるビミョーな二位とは違い、こちらは全国に誇れる二位だといえるはずだ。

体力テストや学力テストで福井が常にトップクラスに入っているのは全国的にも注目されていて、『毎日新聞』の中でも取り上げられていた（二〇一三年十月十八日）。

その記事の中で福井大学大学院の松田通彦教授は、こうした結果を出せている理由として「子どもたちの頑張り」「家庭・地域と学校の連携」「行政の支援」「粘り強い県民性」などを挙げていた。

それこそが福井の誇れる県民性そのものだ。

「おもしろデータランキング」で扱いたいデータとは「主旨が違う」と言われればそれまでだけど、こういう結果を誇示しないのは、福井人の謙虚さのためなのかと思えなくもない。

これもやっぱり、他県に対する「お気の毒に」ということなのだろうか。違うのか。

2　日本でいちばん幸せな県の裏オモテ

「アナタハ神様ヲ信ジマスカ」「今、幸セデスカ?」

僕の高校時代の武生市（現、越前市）には、そう問いかけながら近づいてくる外国人がいた。まあ、要するに宗教の勧誘である。相手にしなければいいとは思うが、「英語を教えてもらえるから」という理由でついていった同級生が何人かいた。どうかしていると思う。数日後には「水風呂に入れられそうになったから」と逃げてきていた。

宣教師なのか神父なのか、ただの変なガイジンなのかはよくわからないが、あの人たちには、人が幸せかどうかを見抜ける力があったのだろうか。

それと似た話だ。

▼日本一幸せな県？　日本海側一幸せな県？

二〇一一年十一月に法政大学大学院政策創造研究科の坂本光司教授らは、**四十七都道府県の「幸せ度」**に関する研究結果を発表している。

さまざまな社会経済統計から抽出した四十の指標から「生活・家族部門」「労働・企業部門」「安全・安心部門」「医療・健康部門」に分けて評価していくという学術的な研究発表だ。

その総合結果の一位、すなわち**「日本でいちばん幸せな都道府県」に福井県が輝いた**のである。

ホントか⁉と驚かされるが、本当の話だ。

福井で生活する友人や知人がそんなに幸せそうかと聞かれれば、返答に詰まるが、研究結果によってそう割り出された答えなのだから、そうなのだろう。

この結果がうれしいか、うれしくないかといえば、やはりうれしい。

しかしである。

一位・福井県に続くランキングはどうなっているのか？

二位が富山県で、三位が石川県だ。

この時点ですでに「んっ⁉」という感じがしないでもない。

四位＝鳥取県、五位＝佐賀県、六位＝熊本県、七位＝長野県、八位＝島根県、九位＝三重県、十位＝新潟県と続くのだから、なんともビミョーだ。

もう一度、「この結果がうれしいか、うれしくないか?」と問われたとすれば、うれしいとは返しにくくなってくる。

これは本当に幸せな都道府県ランキングなのか? 地味な県ランキングではないよな⁉とも疑いたくなるのだ。

なにせ下位のほうを見てみると、三十八位＝東京都、三十九位＝福岡県、四十二位＝京都府、四十三位＝北海道、四十五位＝兵庫県、四十七位＝大阪府となっている。

「都会暮らしはつらいよ」ってだけの話ではないかという気がしないでもない。まあ、実際のところ、そういう側面も強いとはいえそうだ。

なにせ、このランキングを出すために抽出された四十の指標のなかには「持ち家率」「一人当たり畳数」「悩みやストレスのある者の率」「悩みやストレスを相談したいが誰にも相談できないでいる者の率」「一日の休養・くつろぎ時間」といった項目が含まれている。いかにも**田舎のほうが有利になりそうな気配**が匂いたつ。

この研究発表をした坂本教授も「日本海側に位置して、東京から離れた人口百万人前後の県」が上位に入り、「二百五十万人以上の都道府県、東京圏・大阪圏の都道府県」はほとんど入ってこないと解説している。

それでもだ。

「未婚率が低く、出生率が高いので、幸福な家庭像がみえます。福利厚生面が充実し、住みやすい環境にあります。犯罪、火災、事故が少なく、安心して暮らせます」「貯蓄が多く負債が少ない、まじめな県民性がうかがえます。他県からの流入が少ないため、伝統文化が守られています」

と、研究をまとめた『日本でいちばん幸せな県民』の中では総評されている。

四十の指標のなかには「正社員比率」「保育所収容定員比率」「一世帯当たり貯蓄現在高」「六十五歳以上一人当たり老人福祉費」「平均寿命」などといった項目も含まれている。要するに「**田舎は田舎でも、わりと幸せに暮らせる田舎ランキング**」だともいえなくはないわけだ。

名指しはしにくいが、田舎でありながら、なおかつ下位にランキングされている県もあるのだから、それよりはずっといい。

「日本海側（北陸）で最も住みやすい県」に認定されたともいえるのだから、やっぱりよろこんでいいことなのだと思う。ビミョーといえばビミョーな部分はあっても、自慢できることである。

▼「幸せの二冠王」の全国人気は？

福井がいかに幸せであるのか。

じつをいうと福井は、この法政大学大学院研究チームの調査だけでなく、「一般財団法人　日本総合研究所」がまとめた**都道府県別の幸福度ランキング**（二〇一四年版）でも一位に輝いている。幸せの二冠王なのである。

こちらも基本指標、分野別指標など六十指標を偏差値化して算定したものだ。福井県は仕事分野や教育分野などで一位となり、総合でも一位となったのだ。

仕事分野の「大卒者進路未定者率」、生活分野の「待機児童率」、教育分野の「社会教育費（人口あたり）」、前回調査からの追加指標である「女性の労働力人口比率」などで一位をとったほか、全体にバランスが取れていたからこその結果といえる。

この調査で注目したいのは〝**ライバル県**〟だ。

なにせ二位が東京都、三位が長野県なのである。

三位だけなら中部大会とも誤解されそうだが、二位が二位だけに堂々の全国大会だ。「二位東京を破っての一位」ということでは大いに自慢もしたくなる。

そんな幸せの二冠王である。さぞかし、誰もにうらやましがられ、みんなが住みたがっているのだろうと思われるわけだが……、世の中、そういうものではないようだ。

「**地域ブランド調査**」というものがある。

これはブランド総合研究所という各種専門調査やコンサルティング業務を行なう会社による消費者調査だ（ちなみにこの会社の代表取締役社長は福井県出身だ）。

「認知度」「魅力度」「情報接触度」「観光意欲度」「居住意欲度」などに関わる七十二項目の設問に対し、全国からの回答を集めて、消費者が各地域に抱いている魅力を数値化したものらしい。

その八回目となる「地域ブランド調査２０１３」で福井の総合魅力度はどうだったかといえば、

四十七都道府県のうち……**四十位**となっている。

とても、幸せの二冠王だとは思えない順位である。

一位は北海道で、二位は京都府だ。東京都が四位に入っているように、こちらは都市上位傾向になっている。

それでも、法政大学大学院研究チームの調査でいちばん幸せな都道府県を争ったライバル県である石川県は十四位、富山県は二十一位と健闘している。新潟県も三十位なのだから、この調査で見る限り福井県は「北陸で最も魅力のない県」になってしまう。これはさすがに自慢できない。

こうした調査は、どのような方法でどのような設問に答えてもらい、それをどのように数値化するかといった方法次第で結果が大きく変わってくるにはちがいない。

だが、それにしてもだ。一方では一位となり、一方では四十位となっているのだ。これだけ違う二つの結果が出されると、どういうことなのかと考え込んでしまう。

3　ほかにもあった全国一位！　そこから見えてくる福井の顔

正確な数値や順位が出ていない部分に関しても、あまり積極的には結果を出してほしくはない部分もある。

たとえば、福井の名産物としてまず挙げられるのは越前がにだが、福井人がどのくらいの越前がにを食べているのかといえば……どうだろうか？

それほど食べないというならまだしも、「食べたことがない」人がほとんどなのではないかという気がしないでもない。

いや、実際のところはよくわからないのだが、少なくとも僕は食べたことがない。

もちろん、足の一本や二本くらい食べたことはあるのだが、越前がにを丸ごと、どんと目の前に置いて、それを食べたような記憶はないのである。

おそらくではあるが、福井人にとってはそれがスタンダードなのではないだろうか。

普通では手が届かないほど高価な越前がにを常食にしている人はそれほどいないはずだ。シーズンに一度くらい食べる人だってどれほどいるものか……。基本的には越前がにではなく、庶民的なせいこがにを食べるのが福井人スタイルだとは思う。

▼福井人の食生活は偏っているのか?

その一方、はっきりと結果が出ていながら、それがうれしいのか恥ずかしいのか判断しにくい件もある。福井県ではなく「福井市」としてのデータになるのだが、傾向は県全体で見たとしても似たようなものだろう。

福井市は、次に挙げる部門で全国一位となっているのだが（総務省統計局「二〇一〇年～一二年平均の品目別都道府県庁所在市及び政令指定都市ランキング」より）、その気になる部門とは……。

「**やきとり消費量**」である。

それだけなら、さして複雑ではない。だが、それだけではないのだ。

さらには、「**油揚げ・がんもどき消費量**」、「**天ぷら・フライ消費量**」、「**カツレツ消費量**」、「**コロッケ消費量**」、「**加工肉消費量**」でも一位になっている。

肥満ですか?

という話である。

「**ようかん消費量**」や「**かに消費量**」、「**ぶり消費量**」は三位だ。

せいこがには
とにかくうまい！
コロッケ カツレツ フライ
やきとり 揚げ物が
大好き
福井県
『レタスクラブ』
にのってる
料理みたいで
はあるが…

本当に肥満じゃないんですか?

という話である。

カニに関していえば、いろんな種類のカニのいろんな食べ方があるわけだけど、三位に入ったことはよろこびたい。だが、どうしてこれほど偏った傾向が出ているのか。

その背景にある〝理由〟を考えてみると、また新たなランキングにぶつかる。

肥満度ランキングではない。

じつをいうと、福井県は「**共稼ぎ率**」全国一位でもあるのだ(二〇一〇年「国勢調査」の結果で五六・八%)。

揚げ物などの消費量が多いのは、共稼ぎ家庭で簡単に食べられるご飯にしている場合が多いからだといわれる。

非常に興味深くも、おもしろいデータではないか。

そして、これまた「福井県のおもしろデータランキング」のなかでは取り上げられていない。なぜなのだろう?

▼福井の「いろいろな顔」

何年か前の話だが、テレビの人気番組『ナニコレ珍百景』で、敦賀市の角鹿《つのが》中学において給食前の講堂で生徒たちがフォークダンスをしている光景が映されていたことがある。

ネット上に福井のフォークダンスフェスティバルってのがあった
世界のフォークダンスを体験しようだって…
「清潔で踊りやすい服装で参加してください」とのことです

角鹿中学は僕の出身校だが、それを見たときには驚いた。

なぜ、驚いたかといえば、「**給食前のフォークダンス**」が珍百景にあたるものだとは思ってもいなかったからだ。全国の中学生たちがやっている当たり前のことだと考えていたが、そうじゃなかったということをこのときはじめて知った。普通はやらないのである。

ただ、角鹿中学に限らず福井県では、他県以上に「**学校フォークダンス」という文化**が根付いているのではないかという気もする。

僕は角鹿中学から武生高校へと進んでいるが、武生高校の学校祭後夜祭にはフォークダンスがあったのだ。

しかもである。角鹿中学の給食前フォークダンスとは違って、こちらはパートナーチェンジのないフォークダンスだった。

アメリカの青春映画にはよく、プロムと呼ばれる校内ダンスパーティーがあり、「パートナーをどうするか」という問題をめぐる恋愛ドラマが展開されるが、あれと同じだ。

要するに武生高校では、アメリカの青春映画のような群像劇が繰り広げられていたわけである。

といっても、地味なフォークダンスにアメリカっぽさなどはまったくなかったし、体育祭前の応援団の練習などではいかにも日本的な光景が繰り広げられていた。

いわゆる〝かわいがり〟に入るのかどうか……。校舎の中では、木に登ってミンミンと鳴いている「人間ミンミンゼミ」なども見かけられたものだ。質実剛健である。

こうしたことはランキングとは関係ないことだ。

ただ、ずいぶん時間が経ってから「自分たちの学校は特別だったんだな」「福井は特別だったんだな」などと知ることも多い。

福井の当たり前は、必ずしも全国の当たり前ではないということだ。

福井という県は、意外にいろんな「顔」を持っている。

そして、その顔はそれぞれに楽しい。

COLUMN 1
民放が二局しかなくても「JK課」はある！ 福井は日本一、先進的だ⁉

「志村、うしろ！　うしろ！」

そう叫んだことがない四十代は〝ニッポンの希少種〟といえるのかもしれない。ドリフターズが大好きで、志村けんのインタビューをしたこともある僕は、じつをいうと、その希少種に入る。

「昨日の金八先生、見たか？」「ザ・ベストテンの一位は予想どおりだったな」

そんな会話もしたことがない。

なぜか？　民放が二局しかなかったからだ。

「福井テレビ」が基本的にフジテレビ系列で、「福井放送」が日本テレビ系列とテレビ朝日系列のクロスネットという感じである。つまり、フジテレビ系列の『ドリフ大爆笑』は見られても、TBS系列の『8時だヨ！全員集合』は見られなかったわけだ。

民放の少ない県はほかにもあるが、現在でも二局しかない県は、福井、山梨、宮崎の三県で、徳島、佐賀は一局だ。だが、徳島なら関西のテレビ局、佐賀なら福岡のテレビ局の放送がいろいろ見られることが多い。福井の場合も、北側の一部地域では石川の北陸放送、南側の一部地域では関西のテレビ局の放送が受信できたりするが、うちの実家（敦賀市）などではまったく映らなかった。そのためか、福井ではケーブルTVの普及が早く、多くの家庭でいろんなチャンネルが見られるようになっている。

それ以前にしても、TBS系の人気番組がまったく見られなかったのかといえば、そうでもない。『金八先生』ほどの人気ドラマなら、違う時間帯になってもなんとか放送していた（金八先生は何年か遅れだった気がする）。『ウルトラマン』にしても初回放送は僕が生まれる前年だったが、再放送で繰り返し見ていた。だからこそ僕は、その後にウルトラマンの研究本を企画編集することもできている。

福井県が幸せな都道府県ランキングで一位であるのも、それに近い話のような気がする。

お世辞にも都会とはいえないし、不便な部分が多い県ではある。ただそのことで県民が卑屈になっているのかといえば、そうではない。〝現状を受け入れながら〝いまいる環境の中でいかに楽しむか〟を工夫しているし、それと同時に〝いかに新しい環境を手に入れるか〟についても考えている。そのための一位だとすれば、必然の結果だ。ビミョーな県であるからこその知恵と努力で幸せを手に入れているともいえるのだ。

この第1章では「おもしろデータランキング」などについて皮肉ったようにも受け取られたかもしれないが、ウェブを使った取り組みなどにおいて、福井は他県に見劣らないという印象も強い。

この本の原稿をほぼ書き終えた頃には、鯖江市役所が「JK課プロジェクト」をスタートさせたというニュースが飛び込んできて、驚いた。「ゆるい市民」の代表として地元女子高生をまちづくりに参加させようというプランである。

東京の企業などでも女子高生に商品開発を参加させるようなことは行なわれてきたが、なにせJKだ。誰もに通じるわけでもない、ゆる〜い言葉を行政が使うというのは勇気ある決断だ。ホンモノの女子高生たちが主役なので正式な課でないが、お姉さん団体としてOC課（おばちゃん課）も立ち上がったのだから、斬新な取り組みは続いている。

民放は二局しかなくても、だからこそ福井は日本一、先進的なのである！　そういえなくもない。

第2章
世界に誇れる食文化！「福井のソウルフード」を深く知る

1　福井人の主食はやきとりなのか？

「やきとりは毎日、食べるものではないですよね」

ずいぶん前のことだが、常連になっていた東京のやきとり屋さんで、ご主人に対してそう言ってしまったことがある。穴があったら入りたいほどの失言だ。その自覚があるからこそ、いまでも覚えているわけだ。その店のやきとりは、これまでに行った店のなかでは疑いなく最上位に挙げられる味だった。それでも行くのは毎日ではなく週イチくらいだったが、あの店ならどうだろうか。

あの店とはもちろん、「**秋吉**」である。

福井市のやきとり消費量が全国一位であることが記事などになるときには必ずといっていいほどセットで紹介される店だ。福井人にとって、その存在はあまりにも大きい。

▼「いつものアレ」は純けい二十本！

秋吉の何がそんなにすごいのか？

おいしいことはもちろんおいしいが、日本一おいしいやきとりなのかといえば、そんなことはない。……いや、そう言い切ってしまうのも失礼な話だが、普通の感覚でいえばそうだと思う。

個人的にミシュランガイドに取り上げられたやきとりまで食べたことはないけれど、いわゆる本格派の味は知っているつもりだ。僕が常連になっていた店にしても、都内の老舗で修業したご主人がのれん分けしてもらって出した店で、本格的なやきとりの味というものはそこで覚えた。知り合いに紹介すると、「鶏肉が食べられなかった娘が食べた」と、どこかの広告のようにわかりやすくよろこばれたくらいだ。その店のほかにも、一本のやきとりが四～五百円するようなところにも行ったことはあるが、そういう店と秋吉をくらべようとする発想自体を持ったことがない。

秋吉のやきとりはうまいが、他店のやきとりとは比較する気にならない別ものである。

福井人のなかには、秋吉のやきとりを「**ソウルフード**」と呼ぶ者も多い。

「わたしの体は秋吉のやきとりでできている」といえば大げさだが、**県民的な〝いつものアレ〟**になっているのだ。

福井のサラリーマンが会社帰りに、夕食がてらちょっと飲んでいこうかとなったときに、秋吉が選ばれる確率はかなり高い。そういう存在なのである。

二〇一四年三月現在、福井県内に二十八店舗というのはイメージより少ないが、大きな市や町にはだいたいあるので、数字よりも身近な存在になっている。

さめてもおいしいので「持ち帰り」で家飲みするというのも、よくある福井スタイルだ。晩ごはんのおかずがわりにする人もいるはずだ。それもあっての消費量全国一位なわけである。

全国では一一二店舗。東京にも十一店舗あったりする（二〇一四年三月現在）。そのため、東京で生活する福井県出身者などは時おり秋吉に集まり、舌鼓を打つ。それだけで「里帰り」をしたような気持ちになれるわけだ。そういう店が全国に分散しているのはうれしいことだ。

何を食べても、だいたい安くてうまいが、秋吉に行って頼まない人はまずいないというほどの人気メニューが「**純けい**」である。

純けい。メス鶏の塩焼きのことで、からしをつけて食べるのがおすすめだ。

コリコリした噛みごたえがやみつきになる。秋吉のやきとりは一本一本が小さめなので、軽く十本くらいは食べられる。はじめての人には驚かれるが、二、三人で行っても「とりあえず純けい二十本（四皿）ね」などと平気で注文できる。

香川県の丸亀に骨付鳥の名店「一鶴」があるが、その店の「おやどり」とも味は似ている。もちろん、似て非なるものだ。一鶴のおやどりは、そもそもやきとりではなく、まるごと一本のもも肉を焼いた料理だ。これを二十本などと頼めば、大変なことになる。だが、弾力ある噛みごたえや噛むほどにうまみが滲み出てくるあたりが似ている。

秋吉の純けいも親鳥なので、当然といえば当然か。

歯が悪い人にはややきついかもしれないが、秋吉の純けいも一鶴のおやどりも、万人受けする味だと思う。多くの焼き鳥屋では若鶏が商品の中心になっているのが不思議なくらいだ。

いきなりお店紹介のようにもなってしまったが、福井と秋吉はそれくらい切り離せない。

▼夜逃げ経験社長のやきとり哲学

秋吉の創業者である島川丈男氏は『夜逃げからの出発』という著書も出している。

そのタイトルからもわかるように、一度は借金から夜逃げをしていながらも故郷の福井に戻って出直した。そしてカウンターに七人が座れるだけの四坪の小さな店「秋吉」を誕生させたのだ。秋吉一号店である。

一号店から「名門」だった秋吉

いまでも秋吉の看板には「やきとりの名門」と書かれているが、その看板はこのときから出していたらしい。お客からは「始めたばかりで名門はないだろう」と笑われたのだともいう。それもそうだろう。だが、「いずれ名門にしてみせる」「お客さんにしても、堂々と名門を謳っている店で飲んだほうが気持ちがいいだろう」ということでそれを通したそうだ。なんともいい話ではないか。

　秋吉では男性客は「社長」、女性客は「お嬢さん」と呼ばれる（年齢を問わず）。夜の街の呼び込みのようでもあるが、それもこの開業時に、森繁久彌の社長シリーズ（東宝映画）がヒットして、社長という言葉が流行語のようになっていたことから始まったそうだ。この頃には「わしは社長やなく部長やで！」と怒る客もいたらしい。それでも、心の込め方と言い方によって客の気分は良くできるということを従業員に徹底させた。お嬢さんは社長よりあとに始めたが、女性客の抵抗は少なかったという。いくつになってもお嬢さんと呼ばれてうれしいのは、女の性なのか福井人気質なのか。いずれにしても、創業者の人柄がよく伝わるエピソードだ。

　その本のなかには、味へのこだわりぶりについても書かれている。

　秋吉では純けい二十本などという食べ方をするのが珍しくないのも、ひと串が二〇グラム程度と一般的なやきとり屋の串の半分ほどの大きさになっているからだ。そのサイズになったのも「ひと口で食べられ、おいしく焼き上げるのに最適な大きさ」ということから行きついた結論なのだそうだ。また、「焼き鳥は炭火以外に考えられない」としながらも、備長炭はやきとりより「茶の湯」などに向いているものであり、「当店は備長炭を使っています」というこれみよがしの看板を見ると、それだけで「ガッカリさせられる」とも書いてある。備長炭を使うのは「高級感が欲しいだけ」だという独自の哲学が語られているのだ。

先には日本一おいしいやきとりとはいえないと書いてしまったが、断言してしまうのは誤りかもしれない。日本一だと思っている福井人は決して少なくないはずだ。

そして秋吉という店にも〝逆襲〟のヒントは詰まっている。

なにせ夜逃げからスタートしているわけなのだから。

2 とにかく「カツ丼」が好きな県民

カツ丼と聞くと、どんなビジュアルを頭に浮かべますか？

多くの人は、トンカツを卵とじにした親子丼みたいなやつを思い浮かべますよね。でも僕は、そんなカツ丼は大学に行くために東京に出てから、はじめて目にした。

ソースかつ丼という言い方もあるのは、そののちに知ったことだ。

福井ではカツ丼といえば、タレ（ソース）をしみ込ませたカツがご飯の上に三枚ほど乗っているものを指している。

わざわざソースかつ丼とことわらなくても、カツ丼といえばそれが出てくる。

「秋吉」とともに、福井県民のソウルフードとなっているのが、「**ヨーロッパ軒**」を発祥としたカツ丼である。ヨーロッパ軒がいちばんの馴染みだが、ほかにも専門店などはある。それらの店で出されるカツ丼は、いうまでもなく、他県人のいうところのソースかつ丼だ。

福井県内の定食屋などでも「ソースかつ丼」と「玉子かつ丼」に分けてメニューに載せている店があることは、福井市でサラリーマン生活をしていた時期に知った。サービス精神のたまものなのかもしれないが、福井人が無理に共通語で話しているのにも似た違和感をおぼえる。

▼福井県民総味カツ状態

全国には何カ所かソースかつ丼を名物にしている土地がある。群馬県、福島県、長野県などがそうだ。群馬のソースかつ丼は食べたことがあるが、おいしいことはおいしい。だが、僕が食べた群馬のソースかつ丼にのっていたのはやはりトンカツだった。そこが惜しい。

ソースかつ丼にのっているのは「**味カツ**」でなければならない。

福井の人は味カツを全国共通語のように思っているのではないだろうか？

これまた、そうではない。味カツとは基本的には、「ヨーロッパ軒のカツ丼にのっているカツ」あるいは「ヨーロッパ軒で買える、単品として持ち帰れるカツ」を指す固有名詞のようなものである。したがって、この言葉は他県では通用しない。

他県人のためにあえて説明するなら、普通のトンカツとは調理法が少し違うのだ。

肉を薄くスライスして極細のパン粉を使う。ヨーロッパ軒の「**ソースかつ丼用極細パン粉**」が通販で買えることからもわかるように、そこがキーポイントなわけである。

そして、揚げたてのカツをソースベースのタレにひたしてしまうのである。それによって、カツとソースの一体感が生まれる。丼の中のご飯にも多少のタレはまぶしてあるが、トンカツそのものにはあらためてソースをかける必要はない。

この「**特製カツ丼ソース**」もまた、通販で買える。さらにその通販コーナーには「豚肉は、お好みに合わせて、ロース、モモ、ヒレ肉を、約1㎝厚のスライスでご用意ください」との注意書きもある。ソースなどは普通、「秘伝のタレ」になりそうなものだが、隠すことなく売っているのだ。何かを秘密にしようという気などはさらさらない太っ腹ぶりである。

ソースかつ丼というと、キャベツの千切りをご飯とカツのあいだに敷いてあるパターンも多い。僕が食べた群馬のソースかつ丼もそうだったが、ヨーロッパ軒のカツ丼にはキャベツさえない。味カツさえいてくれたなら、ほかには何もいらない。そんな極上のメニューだ。

「ヨーロッパ軒の味カツの前に味カツなく、味カツの後に味カツなし」

そう言っても過言ではない気がするが……、じつをいうと福井県内では、スーパーで売っているトンカツも、家庭でつくるトンカツも、味カツに近い。まさに福井県民総味カツ状態なのである。

食べ方も決まっている(本当は決まっていないが)。

どんぶりのフタを開けたあと、ご飯の上に三枚のっているカツのうちの二枚をフタに乗せる。なぜそんなことをするのかといえば、ご飯の上にカツが一枚になって食べやすいからですね。そして、一枚食べれば次の一枚を丼にのせるというふうに食べ進める。

福井人であれば、誰に教わるということなく、ものごころがついた頃には自然にそういう食べ方

衣が特徴的な福井のソースカツ丼

ができるようになっている。

▼「カツ丼の父」とヨーロッパ軒

ソースかつ丼発祥の地がどこかということに関しては、全国的な意味では答えが出ていない。

こうしたことに関しては、なかなか譲れない部分があるものなので、いろいろな土地が「元祖」を名乗っていてもいいのではないかという気はする。ただ、ヨーロッパ軒のカツ丼の伝統はホンモノだ。

そもそもカツ丼は、早稲田の学生である中西敬二郎さんが一九二一（大正十）年に考案したという説や、新宿の蕎麦屋「三朝庵」が最初に出したという説などがある。その一方、早稲田の正門近くの食堂ではそれより早く高畠増太郎という人がカツ丼を出していたともいわれる。

いずれにしても、大正初期に東京の早稲田界隈を舞台としてカツ丼が誕生したことは歴史的事実といえそうだ。

高畠さんの場合、ドイツで料理修業をしていた際にウスターソースとカツレツに出合ったことから、そのコラボ作品としてのソースかつ丼を考えついたのだという。まさしく、「カツ丼の父」「ソースかつ丼の父」である。

その高畠さんが早稲田で出していた店の名前がヨーロッパ軒という。

もうおわかりですね。

そう。福井のヨーロッパ軒は、その高畠さんが開店したものなのである。

早稲田の店を神奈川県の横須賀に移したあと、関東大震災に遭い、故郷である福井に帰り、あらためて店を開いた。いまのヨーロッパ軒はその三代目、高畠範行さんが営んでいるのだから、まさに正統である。ヨーロッパ軒のかつ丼は、全国的な意味でも「元祖ソースかつ丼」といっても、およそ間違いではないはずだ。なにせ「カツ丼の父」によるカツ丼なのである。

ちなみに僕の小学校の同級生には、ヨーロッパ軒経営者の親戚筋だったかの息子がいて、すごいなあと思っていたが……、そのヨーロッパ軒は「**敦賀ヨーロッパ軒**」であり、ヨーロッパ軒ののれん分け第一号にあたる店なのだとあとから知った。

ただ、それでも、すごいなあ、であることに変わりはない。福井の総本店の開業が一九二四（大正十三）年で、敦賀にのれん分けされたのが一九三九（昭和十四）年である。総本店は創業九十年！　敦賀ヨーロッパ軒にしても創業七十五年の歴史があるわけだ。

▼「パリ丼」「スカロップ」「ジクセリ」って？

ヨーロッパ軒ではカツ丼がすべてなのかといえば、そうではない。

パリ丼。

こちらもまた甘美な響きですね。

福井人ならお馴染みのメニューだが、他県の人にとっては何のことなのかわからないのではないだろうか。

正解は、味カツの代わりにメンチカツ（福井ではミンチカツという）がのっている料理というか丼ぶりである。こちらもキャベツなどはのっていないストレートな一品だ。

敦賀ヨーロッパ軒の社長がフランスに料理修業に行って、帰国後にメニューに加えたために「パリ丼」と命名されたといわれている。その後には、本店でも出されるようになったのだから、敦賀ヨーロッパ軒、侮りがたし！なのである。

ちなみに敦賀ヨーロッパ軒には「**スカロップ**」というオリジナル料理もあり、これは豚肉をドミグラスソースで絡めたものだ。この名はフランス語の Escalope（薄切りの肉を使った料理）からきていると思われるので、こちらもまたパリのエスプリにあふれているといえようか。ただし、北海道の根室にもエスカロップという名のスカロップによく似た料理があることは付け加えておきたい。ヨーロッパ伝承なのか根室伝承なのか、敦賀オリジナルなのかは謎である。

さらにはだ。敦賀ヨーロッパ軒には豚肉のピカタのような「**ジクセリ**」という料理も存在している。というよりも地元ではけっこう人気だ。ただし、このジクセリの語源は敦賀人でもわからないし、フランス人でもおそらくわからない。敦賀ヨーロッパ軒はまさに味の万博なのである。

福井人ではないあなたがヨーロッパ軒に立ち寄ったとき、カツ丼を頼むかパリ丼にするかを迷ったとしよう。いや、おそらく迷うはずだ。どちらも名物と聞けば、なかなか決められないのが人情というものだからだ。

そんなときには……、ミックス丼を頼んでください。

味カツ、ミンチカツ、チキンカツの三枚がのっているのだから、かゆいところに手が届く親切さといえる。ただし、これは敦賀ヨーロッパ軒の場合であり、福井本店では「三種盛スペシャルカツ丼」を頼まなければならない。福井本店での「ミックスカツ丼」は味カツ二枚＋エビフライ一本という構成になっている（ちなみに「エビ丼」もある）。が！「三種盛スペシャルカツ丼」を頼むと、味カツ一枚、エビフライ一本、ミンチカツ一枚となるのである。エビへのこだわりなのか、敦賀への遠慮なのか……。いずれにしても、「カツレツ消費量」「フライ消費量」でトップをはしる土地としては面目躍如だ。

福井ってデブが多いんでしょと言われそうだが、不思議とそんなことはない。

▼「歩くソースかつ丼」って?

とはいえ、**福井人はやはりカツが好き**だ。

武生（現、越前市）が生んだご当地メニューとしては「**ボルガライス**」というものがある。

これはオムライスの上にトンカツをのせて、ドミグラスソースをかけた料理だ。ロシアのボルガ川近くにこれに似た料理があるとか、イタリアのボルガ地方が料理の発祥地だとか、いろいろいわれている。

「日本ボルガラー協会」なるものがあったり、コンビニの地域限定弁当になったりするなど、無視はできないご当地グルメである。

そしてこの日本ボルガラー協会の「武生に来たらボルガライス」というポスターには、劇画の第一人者である池上遼一のイラストが使われている。

なぜ⁉と思われるかもしれないが、なにせ**池上遼一はこの地の出身者**である。そして、その妹さんが開いた「**カフェド伊万里**」という店でもボルガライスが出されているのだ。店内は池上遼一作品ギャラリーのようにもなっているそうなので、ファンの人なら、ぜひ訪ねてみてほしい（僕自身、『男組』や『クライングフリーマン』、『信長』などを愛読したファンなので、一度行きたいと思っている）。

鯖江市では「サバエドッグ」なるものも生まれた。

こちらは〝ソースかつ丼の進化系〟〝歩くソースかつ丼〟ともいわれているように、豚肉を巻いたご飯に割り箸を突き刺して揚げたものだ。冷凍サバエドッグは通販でも買える。鯖江で生まれたからサバエドッグであり、**サバ（鯖）は入っていない**。

歩いていてもカツ丼を食べられるのであれば、電車に乗っていてもカツ丼を食べられるようにと、最近では「**福井が一番ソースカツ丼**」という駅弁もできた。つくっているのは「**越前かにめし**」で有名な「**番匠**」である。番匠は百年の歴史がある駅弁屋さんだ。カニもうまければカツもうまいということで不思議はない。

ヨーロッパ軒に話を戻せば、五木ひろしがヨーロッパ軒のカツ丼の大ファンなのは、福井人なら知らない者はいないほど有名な話だ。

「モーニング娘。」の元リーダーであり、坂井市出身の**高橋愛**も、自身のブログで書いているほど「大好き」だそうだ。

僕の親戚のなかにもヨーロッパ軒のカツ丼を食べる目的で、大阪から敦賀にクルマで遠征してくる家族がいるくらいだ（そんなとき、我が家には顔を出さない。まさにカツ丼だけが目的なわけだ）。有名人、ただの人を問わず、全国にファンは多いのだ。

3 昭和天皇にも愛された「越前おろしそば」

福井県では、秋吉、ヨーロッパ軒のほかに、「**8番らーめん**」「**廻転寿司　海鮮アトム**」があちらこちらで見かけられる。個人的にアトムをソウルフードと言う福井人には会ったことがないが、8番らーめんもまた、福井人にとっては秋吉と同じように「いつものアレ」だ。僕も高校時代には学校の帰りなどによく食べた。

8番らーめんは福井県に三十店舗ほど、海鮮アトムや系列の焼き肉店カルビ大将もそれに近いくらいある。ただ……。8番らーめんは石川県生まれ、アトムはもともと福井生まれながらも現在は名古屋が本社になっている（徳兵衛寿司→元禄寿司→アトムと変遷している）。その意味では、ソウルフードと呼ぶにはビミョーな面もなくはない。

▼ゲイにも途中下車させる駅そばの味

学校帰りによく食べたといえば、駅構内の立ち食いそばもそうだ。

僕の場合、高校時代は武生駅の駅そばを食べていたが、福井駅の駅そばも子供の頃から大好きだった。母の実家が福井市なので、母の里帰りについて福井に行くときには、駅そばに寄ることを楽しみにしていた。

福井の駅そばも武生の駅そばも、「今庄そば」という同じ系列の店である。

子供の頃は、すうどん派だったが、高校時代くらいからは基本的にかけそばにしていた。

一応、関東の人たちのために書いておくと、すうどんにはお酢が入っているわけではない。「酢」ではなく「素」。つまり、ねぎなどは別にしても、具がなく、つゆをかけただけのうどんのことだ。関東風にいえば、かけうどんである。

念のために付け加えておくと、**「きつね」「たぬき」の定義も違う**。東日本では「きつね」というと、うどんかそばかを問わずおあげが入り、「たぬき」というと、うどんかそばかを問わずに天かすが入る。福井や西日本では、おあげが入っているうどんが「きつね」で、おあげが入っているそばが「たぬき」である。要するに、福井や西日本の多くの地域では、きつねそば、たぬきうどんといったものは存在しないが、東京など東日本にはそれがあるわけだ。

福井駅のうどんやそばは、これまた全国に誇れるものといえそうだ。

大根おろしののった今庄そば

東京で小さな飲み屋さんをやっているゲイのママ（つまりオカマですね）が、毎年一度、金沢に行く用事があり、その際には福井駅に途中下車して駅そばを食べると言っていた。

こういう決めつけはよくないが、ゲイには味にうるさい人が多い。とくにこのママは、店で出している料理がなんでもおいしかったので、味のよくわかる人だったのは間違いない。そんな人がわざわざ途中下車してまで食べるということでも、レベルの高さはわかるはずだ。実際にインターネットなどを見ても、福井の駅そばへの評価は高い。

ただ、何年か前に福井駅に行ってみると、駅がリニューアルされているとともに駅そばの店構えもおしゃれなものになっていて、味も昔と少し変わったかなと感じた。とはいえ、それも雰囲気の違いでそう感じただけかもしれない。

最近、武生の駅そばで食べてみたら、なつかしい昔のままの味がした。

「福井の駅そばと系列はいっしょですよね?」とおばさんに確認すると、「駅の入口も、上りのホームも下りのホームもいっしょ。大阪にも一軒あるらしいけど、そこは行ったことがないんやわ」と教えてくれた。

▼昭和天皇、金髪ギャル、おろしそば

福井の人たちにはことわるまでもないが、「今庄そば」というのは、店の名であるとともに、今庄(南越前町)で栽培されるそば、調理されるそばを指す呼び名だ。

福井県では、今庄のほか、大野、勝山、丸岡、永平寺などでそばが生産されていて、日本有数のそばどころになっている。東京で、こだわりのご主人がやっているそば屋さんでも福井県のそば農家に契約栽培を依頼しているところがあったし、全国に誇れるそばである。

福井のそばといえば、「**越前おろしそば**」である。

食べ方には多少のバリエーションがあるが、最も一般的なのは、冷たいだしにひたったそばの上に大根おろしがのっているというものだ。バリエーションといっても、大根おろしが上にのっているかだしに浸かっているかといった程度の違いである。いずれにしても、大根おろしの辛味が鼻にツンとくるのが癖になる。全国的には辛味大根そばなどと呼ばれることもある。

僕が生まれる二十年前の一九四七(昭和二十二)年に昭和天皇が福井県に行幸されたときにおろ

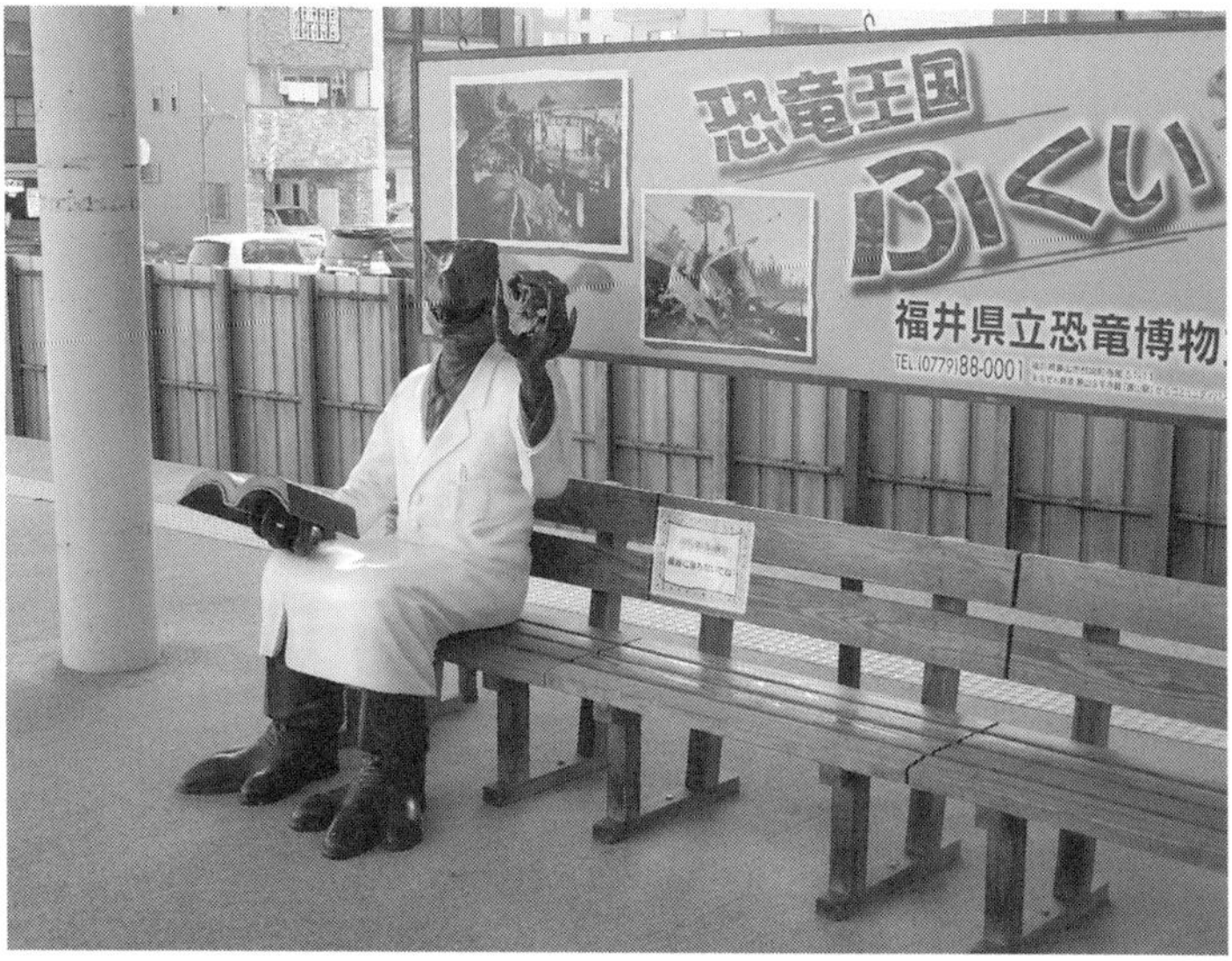

乗客たちはみんなそばが大好き!? のどかなえち鉄福井駅

しそばを食され、皇居に戻られてからも「越前のそば」を懐かしがられたと伝えられている。

そう書くと、高貴な食べもののようだが、福井県内では居酒屋のメニューとしても定番になっていて、飲んだあとのシメにも好まれる。駅そばをシメにする人も多いので、閉店近くまで客は途絶えない。

そういえば五、六年前のお盆休みに福井市内を走るローカル線のえちぜん鉄道、いわゆるえち鉄に乗ってみたことがあるのだが、そのとき乗り合わせた金髪のギャル二人が走っている電車の中でコンビニ弁当のおろしそばを食べているところを見かけた。東京で十代の女性、それも金髪ギャルが電車の中でそばを食べているのは考えにくいし、なんとも微笑ましい光景だった。

そのときの二人の会話は、いまでも覚えている。

「さっちゃんなあ、お給料七万円やのに、ちょっとずつ貯金して二十万貯めたんやて。私なら毎月七万くらい、すぐにつこてまうけどな」

「あの子のカレ、鑑別所に入れられたんやってか」

「ほや。そやけど、出てくるのを待っとるんやて。それだけ好きってことなんやろなあ」

である。

耳をそばだてていたわけではないが、気になってしばらく聞いていてしまった。頬がゆるんでくるような、ほのぼのした会話だった。

コンビニのおろしそばはたぶんご当地メニューなのだろう。以前に僕が敦賀で食べたコンビニのおろしそばもわりとおいしかったと記憶している。

最近、再びえち鉄に乗ってみると、今度は小学校六年生か中学一年生くらいの男の子が、別のコンビニのぶっかけそばを食べていた。駅構内でそばを食べるだけではなく、電車の中でもそばを食べるのは福井人のスタンダードなのだといえようか。

▼にしんそばと敦賀ラーメン

おろしそばだけではなく、**にしんそば**も推したい。

どちらかというと、京都や北海道の郷土料理として知られているが、福井でもよく食べるし、駅そばのメニューにもなっている。個人的には、地元の味として思い浮かべるひとつである。

ご当地麵ということでは、我が地元の「**敦賀ラーメン**」にも触れないわけにはいかない。

一九五三（昭和二十八）年に一台の屋台が出たのが始まりだそうで、最も多いときには国道沿いに十五台もの屋台が立ち並び、「ラーメン街道」を形成していた。

いまでも屋台ラーメンは数台出ていて、地元の人たちは夜食として家族で食べに行ったりしている。トラックの運転手さんや県外から食べに来る人もいるので、なかなかの賑わいだ。

敦賀ラーメンは、屋台と店舗の両方があるが、ちょうど**松本零士ロード**と重なるように店が続いていく。

松本零士ロード……。そう。敦賀駅前にはメーテルや鉄郎、古代進や森雪、佐渡酒造ら、『銀河鉄道999』と『宇宙戦艦ヤマト』に登場するキャラクターたちの銅像が並んでいるのだ。

最初は「どうして敦賀に？」と驚いたが、敦賀は「鉄道と港の街」であり、敦賀港開港一〇〇周年である一九九九年と999とをひっかけて企画されたそうだ。もちろん、松本零士の協力は得ているし、二十八体のブロンズ像はしっかりした造りのものだ。

屋台のラーメンを食べ、そのモニュメントを見ながらしばらく歩いていると、今度は店舗が見つかるので、のれんを潜ってまた食べる。そんなふうにしていると、いつのまにか氣比神宮の大鳥居の前に出ている、というふうにもできる。まっすぐ歩けば十五分、途中で五軒のラーメン屋に立ち寄り五杯のラーメンを食べながら進めば一時間半ほどといった感じだろうか。やったことはない。

敦賀ラーメンは、とんこつをベースにして、鶏がらを合わせたしょうゆ味のスープが定番で、誰もに親しまれやすい味だといえる。

屋台で人気になったラーメン屋さんが店を出すというのも敦賀型サクセスストーリーで、その代表格といえるのが「**中華そば　一力**」だ。こちらはラーメンガイドブックにも紹介される店で、県外から食べに来る人も多い。お昼時などにはよく行列ができているほどだ。

一力は松本零士ロードからは離れていて、駅から歩いていくにはちょっと遠い市役所そばにある（敦賀では現在、最もにぎわっている地区だ）。タクシーで行くなら「一力」と行って、案内できない運転手はまずいない。

敦賀市役所は、一力と敦賀ヨーロッパ軒中央店に挟まれるような位置にあるので、職員たちは幸せだ。市役所職人には肥満が多いという話は聞いたことがないが、どうだろうか。

4 せいこがに、ずぼがにを食すということ

さて、カニである。

やきとり、カツ丼、そば、ラーメンも大事だが、**カニを抜きにして福井人は語れない。**

「カニ坊」をご存知だろうか。

全国には二十四のボートレース場（競艇場）があり、それぞれの場に公式キャラクターが設定されているが、福井県にある三国ボートのキャラクターがカニ坊なのだ。

なかなかニクいやつだ。

ほかの場のキャラクターたちは、流行りのゆるキャラ風になっていたり、高名なイラストレーターが手がけたものだったりするが、三国ボートのカニ坊は、ただのカニだ。

一応、「坊」とはついているが、とくに擬人化されているわけでもなく、ただのカニが黒い靴を履いているだけという見事なまでのシンプルさである。

最初にカニ坊を見たときには、工夫のなさ加減に衝撃を受けたが、いまでは彼以外に三国のキャラクターは考えられないと納得している。以前から絵柄は変わらないはずなのに、最近、洗練されてきた感さえある。

▼時代を越えて愛される福井のカニ

ボートレースに限らず、福井県そのもののキャラクターがカニ坊でもいいのではないかと調べていたら、福井県消防団のキャラクターが一字違いの「カニ防」で、福井地方検察庁のキャラクターが「やるカニくん」であるのを知った。カニ防はカニ型ヘルメットをかぶった消防団員（人間）で、やるカニくんは、ド根性ガエル似のただのカニだ。左のハサミには黄色いタグをつけているように、法を順守する姿勢をみせている。

そのように、福井のシンボル的存在になっているカニである。

越前がには、福井人に限らず、知らない日本人はいないほど有名だ。

『古事記』の時代からその存在は広く知られていた。近江国の酒宴でカニが出されたときに応神天皇が「この蟹や、いづくの蟹、百つたふ、角鹿の蟹、横去らふ、いづくにいたる」と歌でやり取りしたということが古事記に記されているのである。

角鹿というのは敦賀のことだ。当時の漁業技術では深海にいる越前がにを獲るのは難しかったのではないかということからワタリガニだったのではないかと推測する研究者もいる。その点について真実を明らかにすることはできないだろうが、この時代から福井県で獲れるカニは評判で、全国区の献上品になっていたことは間違いないわけだ。

そんな歴史があるからこそ、福井には「**越前がにミュージアム**」なるものまでできている。ミュージアムである。カニのミュージアムである。

和訳すれば博物館になるが、ラーメン博物館とはわけが違う。

なにせ「海中シアター」や「大ジオラマ」など、さすがは博物館！といえる施設が充実しているのだ。そういう施設のほかに「水着を着て入れる温泉」や、旬の魚を扱う「マーケット」などもあるのだが、それはそれ、いろいろ楽しめるミュージアムなのである。

▼せいこがには「海の宝石箱」

越前がにを食べたことがない福井人は多いはずだとも書いたが、それはどういうことなのか。大きさなどでもずいぶん違ってくるが、一杯丸ごと（食用のカニは一匹を一杯と数える）の越前がになら万単位の値段になることがほとんどなのに対し、**せいこがに**なら一杯千円前後から食べられる。

僕の父親が子供の頃には、食事ではなくおやつとして新聞紙に包んだ何匹ものせいこがにが出されたというし、僕も子供の頃には「カニは食べるのが面倒くさい」なんていうバチあたりなことを口にしていた。越前がには手が届かないというイメージが強い一方、せいこがにはそれくらい身近

「海の宝石箱」ともいえる、せいこがに

なものになっている（いまになってみれば、せいこがにだって贅沢な食べものだとわかる）。

うっかりしていたが、越前がに、せいこがにと聞いても、その区別がよくわからない人もいるだろう。簡単に説明しておく。

越前がにとは福井で獲れる雄のズワイガニのことで、雌のズワイガニがせいこがにと呼ばれる。

同じズワイガニの雄でも、山陰で獲れれば「松葉がに」、京都なら「間人がに」と呼ばれるようにそれぞれがブランドがにとなっている。

ブランドだからこそ偽物が入り込む危険があるので、識別するためのタグをつけている。そう。福井地方検察庁のやるカニくんのようにである。越前がにであれば、黄色のタグで、水揚げされた漁港名も書かれている。このタグは、一度外すと使いまわしができなくなるスグレモノだ。

越前がには大きく、見た目も立派なのに対して、せいこがには小さい。だが、せいこがにには雄にはない卵やミソがあり、これが珍味だ。お腹にびっしり詰まった卵巣が赤いダイヤと呼ばれる「内子」で、ぶどうの房のような受精卵が「外子」だ。こちらはプチプチの食感がたまらない。小さくても二度、三度といろんな味が愉しめるのがせいこの良さである。

福井にゆかりがある芥川賞作家、**開高健**もせいこがにを愛し、越前町の旅館こばせには、氏が好んで食べたという「**開高丼**」なるメニューが残っている。巨大などんぶりによそった二合のご飯の上にせいこ八杯分の足の身や内子、外子を盛った、おそろしくボリュームがあり贅沢な一品だ。

開高センセイいわく。

「雄のカニは足を食べるが、雌のほうは甲羅の中身を食べる。それはさながら海の宝石箱である。丹念にほぐしていくと、赤くてモチモチしたのや、白くてベロベロしたのや、暗赤色の卵や、緑いろの〝味噌〟や、なおあれがあり、なおこれがある。これをどんぶり鉢でやってごらんなさい。モチモチやベロベロをひとくちやるたびに辛口をひとくちやるのである。脆美、繊鋭、豊満、精緻。この雌が雄にくらべるとバカみたいに値が安いのはどういうわけかと怪しみ、かつ、よろこびたくなる」(「越前ガニ」より)

とのことである。

これを読めばわかるように、福井人がせいこを好むのは道理である。

辛口とは日本酒のことだろう。やってみたいことはやってみたいが、さすがに八杯分のせいこを盛れば、お値段もそれなりの額になる。簡単にやれるものではない。

▼リーズナブルなずぼがに

越前がにの解禁日は十一月六日で、三月二十日までが漁期となるが、せいこがには一月上旬には産卵を始めるので、漁期はそれまでとなる。

一方、十二月二十一日から三月二十日までが漁期なのが「**水がに**」だ。

水がには脱皮したての越前がにのことで（越前がには何度も脱皮を繰り返して大きくなる）、越前がににくらべれば、ずいぶんリーズナブルだ。

ずぼっと殻から身が抜けやすく、「ずぼがに」とも呼ばれる。地元では親しまれているが、越前がにほど身はつまっておらず、味の深みもやはり落ちる。

三月頃には水がにしか置いてない店も出てくるし、カニを目当てに福井への旅を考えるのなら、せいこがにもある十一月や十二月をお勧めしたい。

5 「たくあんの煮たの」って……!?

名産品というか、なじみの味は、ほかにも多い。

『桃太郎電鉄』にも出てくるように焼きサバ寿司、とろろ昆布、水ようかんなどがそうだ。**焼きサバ寿司**は、「空弁」に採用されてメディアでの露出が増えたので、急速にメジャーになった。実際、商品化されたのも比較的最近のことだ。

空弁の焼きサバ寿司がそうであるように「空弁＝若狭」のイメージも強いが、福井県物産協会によれば、焼きサバ寿司は二〇〇〇年に三国町で誕生し、「三国祭」でお披露目されたらしい。「鯖街道」のある福井では、古くから焼きサバが親しまれている。それを福井県発祥のコシヒカリと合体させるシンプルな発想から生まれた逸品である。

駅弁では**福井の「越前かにめし」**、**敦賀の「鯛寿司」**が個人的に好きだが（駅弁ではないが、**小浜の「小鯛ささ漬」**も好きだ）、最近は焼きサバ寿司を買うことも増えている。

また、**とろろ昆布**や**おぼろ昆布**も名産品で（いずれも昆布の加工食品で、縦に糸状に削ったものがとろろ昆布で、薄く帯状にすいていったものがおぼろ昆布）、実家の近所には一八七一（明治四）年創業の老舗の店がある。大本山永平寺、大本山総持寺御用達の名店だ。

▼水ようかんは夏の風物詩か冬の風物詩か

水ようかんといえば、思い出すのは亡き母のことだ。福井市生まれの母は、老舗の水ようかん屋さんの社長と同級生だったか何かで知り合いだったと聞いたことがあり、それがずっと記憶に残っていた。とくべつ親しかったわけでもないようだが、いつまでも頭に残っているほど、福井においてその水ようかん屋さんの存在は大きい。そこの水ようかんもまた県民食といえるくらいだ。

ずいぶん以前の話だが、妻と一緒に東京のよろず屋さんに入ったときにその水ようかんが売られていて、うれしくなったことがある。それでつい、「うちの母さんはこの水ようかん屋さんの社長と付き合っとったらしいで」と、事実ではない上乗せをした話をして、ドヤ顔で自慢した。少々、アルコールに酔ってはいたのだが、よろず屋の店長と思われるおじさんに対しても「エヘン」と威張った気がする。

そのおじさんは妻に対して、「こういう人が旦那さんだと幸せになりますよ」と言っていたのを覚えている。恥ずかしい話だ。

それはまあいい。

水ようかんに関しては「冬にコタツで食べる」ということが〝福井県あるある〟になるそうだが、どうしてそれが、あるあるになるのか、以前はピンとこなかった。

全国的な話でいえば、水ようかんは夏の風物詩なのだということは、あとから知ったのだ。多くの福井人は、えっ⁉となるはずだ。

老舗の和菓子屋、虎屋などでは、そもそも四月から九月に販売期間が限定されているというから驚くではないか。

福井の水ようかんは、店によっては十一月から三月などと販売期間が限定されていたりする（くだんの老舗がそうですね）。

習慣が真逆になっているということだ。

では、**なぜ福井では水ようかんを冬に食べるのか？**

京都に奉公に出ていた丁稚が正月に里帰りする際、お土産としてようかんを持ち帰ることが多かったことにルーツをたどれるのではないかといわれている。

〝冬〟の風物詩、水ようかん

また、そのようかんをありがたがって、もったいないからと水で薄めて練り直したものが福井の水ようかんの原型になったのではないかという説もある。

近畿地方では竹の皮に包んだ蒸しようかんが「丁稚ようかん」と呼ばれる。それはまさに丁稚が里帰りの際に土産にすることが多かったからだ。そして福井では水ようかんを丁稚ようかんと呼ぶこともあるように境界が曖昧になっている。

そんな由来があるからなのか、福井の水ようかんは一般的な水ようかんにくらべて糖度が抑えられている。そのため常温では日持ちがしにくいので、冷蔵庫が普及していなかった時代は冬のほうが保存に都合がよかったということだ。

そして、その味は「冬のコタツにぴったり」なわけである。

▼コタツで食べる甘味と、日光の下で食べる甘味

亡き向田邦子は、「脚本家」より「水羊羹評論家というほうがふさわしい」と自分で言うほどの水ようかん好きだが……。水ようかんは一年中あるべきではなく、「新茶の出る頃から店にならび、うちわを仕舞う頃にはひっそりと姿を消す、その短い命がいいのです」（『眠る盃』所収の「水羊羹」より）と書いている。

つまり、向田さんは夏の風物詩派なわけだが、東京生まれの人だからそれも仕方がない。

向田さんが水ようかんを食べる際には「香りの高い新茶」を用意するのをはじめ、取り皿や茶器、

部屋のライティングにもこだわり、ミリー・ヴァーノンの「スプリング・イズ・ヒア」などのムードミュージックをかけていたというのだから、とてつもなく愛情が深い。

五木ひろしの「冬の唄」をＢＧＭとして、コタツの中で深蒸し茶を飲みながら福井の水ようかんを食べてもらっていたならどうだったろうか。

「あら、気易くて人なつこい味」と、猫のような目をなお細めて破顔したのではないかと思う。

向田さんには、夏の風物詩と冬の風物詩とを食べくらべてみてほしかった。

ちなみに福井県嶺南地方には〝夏の風物詩〟として**水洗まんじゅう**がある。

これはいわゆる葛饅頭のことで、敦賀名物のひとつだ。

和菓子屋の店先で、桶やバケツの水の中で冷やされた水洗まんじゅうが売られている。つるんとひと口で飲み込むスタイルがいかにも夏向きで、個人的にも大好物のひとつになっていた。まばゆい日光と小太鼓の音がよく似合う食べ物だ。

▼ミラクルな酒の肴、へしこ

へしこやニシンのすしも福井人のソウルフードだ。
へしことは魚の糠漬けのことである（主に鯖だが、さんまのへしこなどもある）。子供の頃には「塩辛いだけで、う〇こみたいな見た目の食べもの」と毛嫌いしていたが（実家のへしこは真っ黒に焦げるほど焼いていた）、酒飲みになったいまは、郷土自慢の代表的な味になっている。

酒の肴として最高なうえ、ご飯にも合う、へしこ

なにせ酒の肴としては最高なのである。そのうえ、お茶漬けにしてもまたうまし、だ。

若狭湾で獲れた鯖を京都に運ぶ道は「鯖街道」と呼ばれる。それくらい若狭地方の鯖は名産だった。その鯖を漁師が保存食にしたのがへしこの始まりといわれる。

へしこが好きな人はへしこを手離せなくなる。といっても、散歩をするときにも持ち歩くという意味ではない。へしこのない毎日は考えられなくなるということだ。

僕の叔父さんは、高血圧のせいで塩分の強い料理は食べられないと言いながら「へしこはええんや」と言って食べていた。

こんなに塩っからい食べものが血圧にいいわけがない、食べたいから嘘をついているのだろう、と思っていたが、叔父さんの言っていることはどうやら本当だったようだ。

サバなどの青魚には血圧を下げる効果があるといわれるペプチドが含まれているが、へしこにするとそのペプチドが加工前の五倍ほどにもなるのだという。そのため血圧を上げるどころか、上昇を抑える効果があるともいわれる。

そういう意味でもミラクルな酒の肴だ。

一方、**ニシンのすし**は、寿司といいながらも、シャリがない。ニシンと麹と大根で漬けた、いわゆるなれずしである。

敦賀の名物料理で、正月などには必ず出される。敦賀には北海道からの北前船でニシンや昆布が運ばれてくるので、やはり保存食として考えられた料理らしい。熱々のご飯にのせて食べれば、とにかくうまい。へしこと違い、こちらは子供の頃から好きだった。ただし、店で売られているものは、塩加減などで好みが分かれる。

昨年末、ふと正月に食べたくなって、インターネットで取り寄せられるかを探したが、ニシンのすしはあまり取り扱われていないのを知った。それでも、敦賀でつくったニシンのすしを注文できたので、正月に東京で食べられた。塩加減も好みに近く、満足だった。

▼正式名称なのか!?　たくあんの煮たの

名物料理だという意識はなかったが、「**たくあんの煮たの**」というものがある。

要するに、たくあんの煮物だ。

たくあんの煮たの

実家でも「たくあんの煮たの」と呼んでいたが、『ウィキペディア』の「日本の郷土料理一覧」の中では、この名でそのまま紹介されていたので驚いた。

実際にそれがそのまま商品名になっていて、スーパーのお惣菜コーナーなどでもその名で売られているのも確認できる。ご丁寧なことにも「たくあんの贅沢煮（たくあんの煮たの）」というふうにカッコ書きがついているケースもある。

そもそも、「煮たの」というのは方言である。この場合の「の」は「やつ」みたいな意味なので、「たくあんを煮たやつ」ということだ。名称というよりは〝説明〟である。「今回のドラマの主人公は誰ですか?」と聞かれて、「あそこに立ってるの（あそこに立ってる奴）」と答えるようなものである。

とはいえ、これはおいしく、まさに家庭の味だ。子供の頃、僕の三大好物は「たくあんの煮たの」「シメサバ」「しただみ（小さな巻き貝）」だったくらいだ。いま思えば、あまり子供らしくないが、誕生日に何が欲しいかと聞かれて「シメサバ」と答えたこともあるし、「しただみ」と答えたこともある。ちなみに書いておけば、東京でしただみを見たことはほぼないので、さびしい。

うちの母も「たくあんの煮たの」と呼んでいたが、店で買うものだという発想はなかったからこそ、それが料理名として通じるものだと考えたことはなかった。

宇野重吉が命名したという説もあるが、実際はどうなのだろうか。

「故郷といえば思い出す。たくあんの煮たのと福井新聞」と宇野重吉が語るコマーシャルがあったので、それが定着したということかもしれない。

福井ではほかにも**「花らっきょ」「梅干し」**などが名産品だし、**「越前うに（うにの塩漬け）」**、**「油揚げ（厚揚げ）」「ごま豆腐」「羽二重餅」**などが好んで食べられたり、おみやげになったりする。

個人的に福井に帰ったときには、へしことニシンのすしのほかには、らっきょと梅干しを買うことが多い。「たくあんの煮たの」も「母の味に似たの」が商品になっているなら、ぜひ買ってみたい。

▼素晴らしき福井の酒、福井の食文化

このように酒の肴が豊富な福井だが（花らっきょも越前うにも酒の肴になる）、当然、酒そのものもうまい。

福井の銘酒といえば、まず**「黒龍」**が挙げられることが多い。

ドラマにもなった人気漫画『夏子の酒』の中で、主人公の夏子が目標とした「美泉」のモデルが

「黒龍」だといわれる。

黒龍のなかでも、限定品の純米大吟醸「**石田屋**」は入手困難なものだ。値段もかなり高い。一度だけ飲んだことがあるが、皇室で飲まれているというのも納得の極上の酒だった。

ほかにうまい酒としては、鯖江・加藤吉平商店の「**梵**」、大野・南部酒造場の「**花垣**」、永平寺町・田辺酒造の「**越前岬**」、福井・安本酒造の「**白岳仙**」、美浜・三宅彦右衛門酒造の「**早瀬浦**」……など、挙げだしていけばキリがない（挙げなかった酒蔵さんはごめんなさい）。

これだけ食べものや酒がうまければ、人生が豊かになる。

福井から出ないで暮らしていると気づきにくいかもしれないが、学校や仕事のため県外で生活したことがある人ならそれがわかるはずだ。

食べたいものが田舎にあるというのは、それだけでもすばらしい！

そういうものを毎日食べられる生活ができているというのは誇っていいことだ。

食文化ひとつをとっても、福井はビミョーな県を脱却するだけのパワーを秘めている。

あとでも書くが、それは実際に〝逆襲のための重要なアイテム〟にもなり得るのである。

COLUMN 2
みうらじゅんも決起!? 福井の名所は多いか少ないか

東尋坊《とうじんぼう》。考えてみれば不思議な名前だ。

子供の頃には、字面よりも先に音から覚えていたので違和感はなかったが、要するにこれはお坊さんの名前なわけである。

かつて勝山の平泉寺《へいせんじ》には強力無双の悪僧がいて、多くの僧たちの恨みを買っていた。そのため、あるとき三国海岸見物に誘いだされて、したたか酒を飲んで酔ったところで突き落されたのだという。ひとことでいえば、殺人事件である。

その怨念のためか、その後もさまざまな怪異が続いた。そこで「人が死ぬと、普通は西国浄土に行くが、あの悪僧は東を尋ねたのだろう」ということからこの名が付けられたそうである。悪僧の名前が最初から東尋坊だったとする伝承もあるが、話のあらすじはおよそ同じだ。

難しいことはよくわからないが、「輝石安山岩《きせきあんざんがん》の柱状節理」という珍しい奇岩で、世界では、ほかに二カ所しかないそうだ。そんな世界的な名勝である東尋坊は自殺の名所としても知られるが、名前の由来を考えれば、因縁めいている。

福井の観光名所を挙げるとき、まず思い浮かぶのがこの東尋坊と永平寺《えいへいじ》だろう。

永平寺は日本曹洞宗の大本山なのだから、全国でも知らない人は少ない寺院といえる。社会の教科書にも出てくる。

「福井で見るとこってどこがあるの?」と聞かれたときには、この二つを挙げたあと、言葉に詰まってしまうことも多いわけだが、あらためて考えてみたならどうだろう？　福井のことをよく知らない人にでもすぐにわかってもらえる名所は少ないが、訪ねてみてほしい名所はほかにも多い。

戦国時代の足跡としては「一乗谷朝倉氏遺跡」や「丸岡城」があるし、神社なら「氣比神宮《けひ》」「剣神社《つるぎ》」「平泉寺白山神社」などがある。景勝地では「越前岬」「氣比の松原」「三方五湖」「蘇洞門《そとも》」。福井からはちょっと行きづらい場所になるが、戯曲や映画の舞台にもなった「夜叉ヶ池《やしゃがいけ》」もある。ほかに「恐竜博物館」「芝政《しばまさ》ワールド」「芦原《あわら》温泉」なども挙げられるし、実際のところは、見どころは多い県なのだ。

そして小浜《おばま》だ。

見仏の第一人者、みうらじゅんが「何日いても飽き足らぬ仏《ブツ》ゾーン」と言っているが、古くから小浜は「海のある奈良」との異名もとっている。

国宝の三重塔がある明通《みょうつう》寺をはじめ、羽賀寺、妙楽寺など、本堂が重要文化財になっているほどの名刹が多い。そして、羽賀寺や多田寺の十一面観音像、国分寺の薬師如来像など、重文指定を受けているような仏像も多いのだ。見仏ファン垂涎の土地なのである。

だが、観光上の弱点は、それらの寺が分散していて、徒歩などで見て回るのは難しい点にある。以前には明通寺、羽賀寺、圓照《えんしょう》寺、妙楽寺、多田寺、国分寺、神宮寺、萬徳《まんとく》寺の八寺を循環する「国宝めぐりバス」があったが、現在はそれも廃止されている。

「俺たちに仏像は守れない。だけど、観光なら少しはなんとか出来るんじゃないか」

そう言って、みうらじゅんが決起したほど、もったいない環境にいまの小浜はある。

このままでは仏さまたちにもみうらじゅんにも申し訳ない。なんとかしたいところだ。

第3章

県民は知っているはずなのに知らないことだらけ！「福井の歴史」

1 明治九年、日本から福井が消えた！

どこかでちょっとでも歴史が違っていたなら……。福井県は、現在の神奈川県のような位置づけの県になっていたのではないだろうか。その場合、敦賀市はまあ、横浜である。

なにせ安土桃山時代まで、日本は京都や大阪を中心に栄えていたのだ。

福井には「ミラクルエレファンツ」という独立リーグのプロ野球チームがあるが、その名がつけられた理由のひとつは日本ではじめて象が渡来したのが福井県であるからだ。室町時代、足利将軍への献上品として贈られてきた象がまず小浜に入港したそうだ。

要するに福井は日本の表玄関だったということである。裏ではない。

▼福井が日本の首都になっていた可能性

「関ヶ原で石田三成率いる西軍が勝っていれば、大阪が首都で近畿一帯が首都圏になっていた」

そう聞かせてくれたのは学校の先生だったか、物知り顔をした同級生だったか。どちらだったかは覚えていない。ただ、そう言われて、なるほどそうだな、とはずっと引っかかっていた。

遡っていえば、賤ヶ岳の戦いにしてもそうだ。織田信長亡きあと、豊臣秀吉と柴田勝家が天下の趨勢をかけて争った大一番である。

北ノ庄を居城とする勝家が勝っていたならどうだったか。

そのまま福井が日本の中心→首都になっていた可能性もないとはいえない。

そこまで高望みはしなくても、その後に天下が二分されずにいたなら、京都や大阪が首都になっていたことは充分考えられる。その場合はやはり、福井は現在の神奈川県のような位置づけになっていたのではないだろうか……。いや、大阪の近くには神戸があるので、福井は神奈川というより千葉で、敦賀は横浜というよりは浦安くらいになっていたのだろうか。

それならそれで、世界中の人たちに愛されるネズミさんがいる巨大テーマパークができていた可能性もあるわけだ。

▼痛かった朝倉家滅亡と北ノ庄城炎上

そんな日本の表玄関である「福井の顔」として思い浮かぶのは誰か?

仙台（宮城）の伊達正宗、加賀（石川）の前田利家、薩摩（鹿児島）の西郷隆盛や島津家、土佐（高知）の坂本龍馬というように、迷わず名前が出てくる地元の大名や英雄がいないのは事実だ。

北ノ庄城趾。お城は期間限定設置のレプリカ

そのこと自体はやはりさびしい。

そもそもそれはなぜなのか？

戦国大名の朝倉家が早い段階で織田信長に滅亡させられたのがまず痛かった。

その後の越前は、柴田勝家をはじめ、金森長近らに分割統治されている。勝家が秀吉に敗れてからは、丹羽長秀が越前の大半を統治したが、領主の交代はそれからも相次いだ。

関ヶ原の戦いで名高い大谷吉継なども敦賀城主になっているが、ずっとそうだったわけではないので敦賀の英雄という印象はあまりない。

朝倉家のほかには、戦国大名の名前が挙げにくい所以である。

勝家とお市の方が**北ノ庄城**でともに暮らしたのは一年にも満たない。

その北ノ庄城は天守閣が九層あった安土城にも劣らぬ城だったと考えられているが、秀吉との戦いの際に大半が燃え尽きたといわれているし、痕跡はほぼない。石垣と考えられる根石が発見されたことから、駅前商店街近くにある柴田神社が北ノ庄城跡だと考えられている幻の城である。

▼「福井の殿さま」たちの悲劇

関ヶ原の合戦後、越前北ノ庄の藩主になったのは、徳川家康の次男、結城秀康（松平秀康）だった。その際の越前北ノ庄藩は六十八万石あり、加賀、薩摩に次ぐ第三位の大藩だったのだ。秀康は家康の実子なのだから将軍になってもおかしくなかったが、養子として他家を転々としている複雑な立場にもあり、北ノ庄藩の藩主として生涯を終えた。悲運の人である。

秀康亡きあと、長男である忠直は、豊後国（大分県）に改易されてしまった。

その後、次男の忠昌が越前北ノ庄藩を継ぐことになったときから北ノ庄藩の肩身は狭くなる。というよりも、実際に藩は、狭く小さくされていったのだ。

その時点で五十万石となり、その後も領地は減らされていき、最終的には三十二万石で幕末を迎えた（一時は二十五万石まで減封されている）。

忠直が幕府に反抗的態度を取ったのが改易の原因だともいわれているが、それもどうだかあやしい面がある。

権力者による恐怖政治の中で、ナンバーツー、ナンバースリーを粛清するというやり方は世界中で繰り返されてきた。

いまの世の中においても、独裁国家に限らず、上場しているような普通の会社の中でさえ行なわれていることだ。つまり、幕府（トップの座）をゆるがす力があると警戒されたからこそ、そういうターゲットにされてしまっただけだとも考えられる。

結城秀康の血筋で藩主が継承されたのも八代宗矩までで、その後は一橋系徳川家などで相続されている。そういう経緯があるからか、松平家に対しても地元の殿さまという印象はやや薄くなっている。

▼失われた名城と現存最古の天守閣

福井城は、徳川家康が本丸と二の丸の縄張りをしたともいわれており、結城秀康が六年かけてつくった広大な城だ。

だが、城下で二度の大火があり、天守閣をはじめとしたかなりの部分が焼失してしまった。城の復旧作業はもちろんしているが、天守閣の再建は、幕府の許しが得られなかったために断念している。四層五階の壮大な天守閣だったというだけに惜しまれる。

福井城があった堀の内側の本丸跡には現在、県庁舎や県警察本部などがある。

群馬県庁が前橋城跡にあるなど、全国にはほかにも例はあるが、こうしたありようについては賛否両論の声もある。

いますぐという話ではないが、県庁移転も視野に入れながら城址公園を整備する計画も検討されているのだ。

北ノ庄城、福井城は現存せずに残念だが、**丸岡城**は全国に誇れる城だ。

春にはお花見客も多い、県庁のある福井城趾

福井城をつくった家康の次男、結城秀康の像

現存最古といわれる天守閣！丸岡城

こちらは柴田勝家の甥である勝豊が建てたものだ。福井地震で倒壊したため修復しているが、その天守閣は「現存最古」のものだともいわれる。規模は大きくないとはいえ、歴史がそのまま生きている名城である。

映画『戦国自衛隊』（一九七九年版）では、丸岡城を春日山城に見立ててのロケが行なわれた。春日山城は、新潟県にあった上杉謙信の城だが、いまは城跡しかない。そのため、丸岡城でロケを行なうことによって戦国時代のリアル感を出したかったわけだ。

丸岡城は「日本一〇〇名城」「日本の歴史公園百選」「日本さくら名所一〇〇選」にも選定されている。桜の中に浮かぶ天守閣は歴史ファンでなくても見ておきたい。近年は夜にライトアップもされていて幻想的だ。

▼北ノ庄から福居へ！「福」は居てくれたのか？

福井城跡には、「福井」という名のもとになったとされる「福の井」と呼ばれる古井戸がある。ただ、その説もどうやら事実ではないらしい。

北ノ庄藩から藩名を改めたのは三代・忠昌だ。

北ノ庄では柴田勝家の敗戦や松平忠直の改易など良からぬことが続いていた。北ノ庄の北は、敗北の北でもあり、逃げるという語意にも通じて縁起が悪い。それで、縁起の良さを考え、「福居」という名前を選んだとされている。

福井市史編さん委員にもなっている松原信之さんによれば、その後、幕府が「福居」を「福井」と書き誤っても訂正を求めることができなかったため、「福井」が定着していったと考えられているそうだ。そして元禄年間になると、正式に福井と改称されている。

これが人の名前だったとして考えてみてほしい。たとえばの話、内池なのに池内と呼ばれていながらも、相手のほうが立場が上なので、「違いますよ！」と指摘できず、自分の名前のほうを変えてしまうようなものである。福井にはそれに近い過去があったわけである。

福井という名は「福の井」にちなんだものだという説のほかにも、由来を探る説はいくつかあるが、それらはおよそ「北ノ庄→福井」という改称を前提にしている。

そのあいだに「福居」が入る事実を忘れているのだ。

そのため、それらの説は誤りだと松原さんは指摘している。福井の歴史研究家にはうっかり者が多いということなのかもしれない。

▼足羽県から敦賀県へ。そして福井消滅！

明治維新後にも「福井県」はすんなりとは誕生していない。

一八七一（明治四）年に最初に廃藩置県が行なわれた際は、藩を県にしただけだったので、小さな藩が多かった福井県域では七つの県が設置された。その整理が行なわれると、北側の「福井県」と南側の「敦賀県」の二県になっている（中世までは北側が「越前」、南側が「若狭」と国が分かれていたが、江戸時代には「福井藩」のほか、「丸岡藩」「小浜藩」など複数の藩ができていた。「敦賀藩」は小浜藩の支藩だった）。

その後、福井県からの自発的な申し出によって、北側の福井県は「足羽県」に改称された。これは、福井藩が松平家に統治されていた幕府寄りの藩だったので、新政府にそれを嫌がられないようにする狙いだったと考えられている。

こちらもまた、たとえばの話をしておく。会社内で大きな組織改革（あるいはクーデター）があったとして考えてほしい。自分の子供の名前が、更迭された上司につけてもらったものだったため、「子供の名前を変えるのでそのことは忘れてください」と言っているようなものである。

だが、名前を変えてもダメなものはダメということなのか、まもなく足羽県は敦賀県に併合され

廃藩置県まであった
7藩のおおよその位置

ている。その結果、現在の福井県とほぼ同じ県域が敦賀県になったのだ。

　その敦賀県も長くは続いていない。木ノ芽山嶺を境とする北側である「嶺北」が石川県、南側の「嶺南」が滋賀県に編入されてしまい、敦賀県は廃止されたのだ。露骨なまでの「福井潰し」である。

　そうして**日本から福井が消えてしまったのが一八七六（明治九）年のこと**だった。

　県史の中でも最も悲しい過去だといえる。だが、日本に福井が存在しない時代がそんなに長く続いていいはずがない。

　といってもそこそこ長かったが……。**一八八一（明治十四）年**に石川県や滋賀県とは分離したうえ、北と南が合併！　無事、**現在の福井県ができあがった**のである。

　なぜ、福井県がよみがえることができたの

かといえば、合併によって国内最大規模の人口を抱えるようになった石川県が機能不全に陥ったことが大きかったのだという。

その一方、敦賀などの嶺南と滋賀県はそれなりにうまくいっていたようで、分離のあとには「滋賀県復県運動」も起きたのだそうだ。

敦賀人としては、ちょっと複雑な思いにもなる過去である。

滋賀県に対して敵意はないが、若い頃には滋賀県ナンバーの車を見ると、「滋賀作」と呼んで田舎者扱いしていた。滋賀県の人は、福井ナンバーの車を「福助」と呼んでいたそうだけど……。隣県のライバル意識というのは全国どこに行っても、およそそんなものだろう。

2 日本の歴史の鍵は福井が握っていた!……こともある

福井は京都に隣接する交通の要衝でもあるため、何度となく日本史を左右する〝戦いの場〟にもなっている。

平安時代末期の源平合戦もそうだ。平家から源氏へ。貴族社会から武士社会へ。世の中が大きく動いた戦いである。

その立役者の一人、木曾義仲が挙兵すると、越前国の反平氏勢力も呼応し、福井の各地で戦いが繰り広げられたのだ。当時の「陣跡」はいまも残されているし、そうした戦いのなかにあって木曾義仲は、平泉寺や氣比神宮で戦勝祈願したともいわれる。

▼歴史的戦いの舞台となった金ヶ崎

敦賀の金ヶ崎《かねがさき》では、歴史のキーポイントとなる二つの大きな戦いがあった。

二度、歴史的な戦いの舞台となった金ヶ崎

南北朝時代、新田義貞が後醍醐天皇の二人の皇子を伴ってここに籠城し、北朝と争いながら敗れてしまった戦いがそのひとつだ。

この戦いで尊良《たかよし》親王は、皇族の身でありながらも「同胞を見捨てることはできない」と自害された。その顛末は『太平記』にも描かれている。金ヶ崎には、尊良親王らを祀る金ヶ崎宮があり、古戦場碑や、自刃の地と見込まれる場所を示す碑が建っている。

戦国時代、越前攻めをしていた織田信長が浅井長政に裏切られ、朝倉・浅井軍の挟み撃ちから逃れるため、豊臣秀吉（当時、木下藤吉郎）にしんがりを任せて撤退した「金ヶ崎の退き口」も有名だ。お市の方が両端を縛った小豆袋を送って危急を知らせた逸話は、歴史ドラマの中ではよく描かれるのでご存知だろう。

この戦いでは、金ヶ崎と天筒《てづつ》山が戦場になっている。二つの山は峰続きになっていて、地元の人間からすれば、どちらの山も、よく遊んだ裏山といった感覚しかない。子供の頃にフッーに駆け回っていた場所で信長や秀吉の命運を左右する一大事が起きていたというのも不思議なものだ。

この金ヶ崎では、南北朝時代のものとも戦国時代のものともいわれる焼米が出るということで、「焼米探し」が行なわれることもある。化石掘りのような話に聞こえるかもしれないが、感覚的には四つ葉のクローバーを探すのにも近い。遠足だったか課外授業だったかでやったことがある。

実際に見つかったかどうかは覚えていないが、もし見つかっていたとしても、その歴史的価値はあやしい。江戸時代に徳川幕府の巡見使が来る際、古戦場だったことをわかりやすく示すための演出として、わざと焼米を撒いていたともいわれているのだ。つまり、「やらせ米」が混じっている可能性もあるわけだ。

▼「真宗王国」として、あるいは「禅道場」として

信長の命運は金ヶ崎で尽きていたほうが福井にとってはよかったのか……。

比叡山焼き討ちばかりが取り上げられて、一般にはあまり語られていないことだが、福井では信長軍による未曾有の大虐殺が行なわれている。

朝倉家を滅ぼしたあとすぐに**一向一揆**が起きて支配体制が崩されたことで信長のダークサイドを呼び覚ましてしまったのかもしれない。十万以上の軍勢で一揆は制圧されて、凄惨な弾圧が行なわ

れているのだ。

信長朱印状（信長が出した文書）の中には「数多く首を斬って気が晴れた」、「府中（旧、武生《たけふ》市）の町は死骸ばかりで空き地がない」といったことが書かれている。一万人以上が殺戮されたのは事実のようだ。奴隷として連れて行かれた人の数も多かったという。

前田利家が一揆衆千人を生け捕りにして、磔や釜茹でに処したことを記録した文字瓦も見つかっている。『利家とまつ』などでは描きにくい現実といえようか。

その犠牲者は比叡山焼き討ちよりはるかに多いのだから、この史実が封印されたようになっているのは奇妙な話だ。せめて福井人は知っておくべきだと思う。

福井は「**真宗王国**」と呼ばれるくらい浄土真宗のお寺が多い。

浄土真宗の十派のうち四派の本山が福井県内にある。「門徒」と呼ばれる浄土真宗信徒は現在も多く、その証しともいえるマイ数珠の所持率はかなり高い。

本願寺第八世である中興の祖・蓮如が、室町時代に現在のあわら市吉崎に吉崎御坊を建て、その教えをわかりやすく説いたことから福井の信徒が劇的に増えたといわれる。この吉崎には「蓮如上人記念館」があり、本願寺派、大谷派それぞれの別院もある。

その一方、その二百年ほど前の鎌倉時代には、日本の曹洞宗の開祖・道元が**永平寺**を建てている。比叡山から受ける圧力が強くなったため、信徒である波多野義重（越前国に所領を持っていた相模国の武将）の招きに応じたためだった。

四世・義演禅師の頃から援助が弱まり、廃寺寸前になりかけた時期もあったという。それでも再興し、曹洞宗の大本山、修行道場として、いまも多くの僧や信者を集めている。

福井には浄土真宗の信徒が多いが、禅宗の信徒も少なくない。親戚や知人の様子を見る限り、そのどちらにも比較的熱心な信徒が多い気はする。信仰心が篤いわけだ。

▼幕末最大の惨劇は敦賀で起きた

やはりあまり意識されていないことだが、幕末最大の惨劇は敦賀で起きている。**天狗党の悲劇**である。

水戸藩の内乱のあと、水戸の天狗党員約千人が、一橋慶喜を通じて尊王攘夷の志を朝廷に訴えようとして水戸から京へと向かった。

追討軍と争いながらの決死の行軍だった。だが、出発から四十八日後、京を目前とした敦賀に入ったとき、慶喜が幕府軍を率いて天狗党を討伐しようとしていると知り、投降することを決めたのだ。頼ろうとしていた相手が、自分たちを討ち果たそうとしてきたのである。それでも天狗党は、水戸藩主・慶篤の弟である慶喜に弓は引けなかったわけだ。

最初に彼らを受け入れた加賀藩は、天狗党の労をねぎらうように手厚くもてなしたが、天狗党に対して、ただならぬ恨みをもっていた田沼意尊率いる幕府軍が引き取ると、事態は一変した。

それまでは寺に預けられていた天狗党員をニシン蔵に移したのだ。ニシン蔵といっても肥料の

三五三人が処刑された土塚にある、水戸烈士の墓

ニシンカスが入れられていた蔵である。その窓を土で埋めてしまい、ムシロも敷いてない床の真ん中に排泄用の四斗樽だけが置かれた。その蔵の中に衣類やふんどしを脱がせて足枷をはめた党員を押し込めたのだ。武士として遇されなかったどころか、家畜なみの扱いをされたわけだ。異臭たちこめるその蔵の中では死ぬ者も続出したそうだ。

その後、かたちだけの裁判が行なわれ、三五三人の斬首が決められた。

それだけの人数の処刑だ。五回に分けて行なわれているが、次々に首を刎ねた死体を蹴り落としていった墓穴は血の池と化したのだという。日本の歴史上、ほかに例がないような規模の残忍な処刑だった。松原近くの来迎寺《らいこう》でこの処刑は行なわれているが、福井藩、小浜藩では斬り手を出すのを断ったというのが福井人としてはせめてもの救いといえようか……。

三五三人が斬首され埋められた土塚の上には天狗党を率いた武田耕雲斎をはじめとした烈士たちの墓があり、道を挟んだ松原神社には、復元移築して「水戸烈士記念館」としたニシン蔵がある。お墓のそばにある公民館でお願いすれば中に入れてもらえる。学校の教室をふたまわりほど小さくしたような広さの蔵だ。ひとつの蔵には六十人ほどが入れられたのだという。六十人が入ることはできても、排泄用の樽が置かれて窓もふさがれた土間である。普通の牢獄暮らしとはわけが違う環境だったことは、中に入ってみることでも察せられる。

子供の頃には「武田耕雲斎の墓」という案内看板を見ても、誰のことかもわからずにいたが、幕末史に興味を持ってからは、心をざわつかせずにはいられない場所になっている。

▼八百比丘尼、安倍晴明、紫式部の足跡

意味合いはずいぶん違うが、嶺南にはもうひとつ悲しい場所がある。

小浜駅近くにある空印寺の「**八百比丘尼**《やおびくに》**入定洞**《にゅうじょうどう》」だ。

人魚の肉を食べてしまった少女が八百歳になっても死ぬことができず、最後はここで入寂したのだと伝えられている。

いっさいの食を絶って、即身仏のような最期を迎えたわけだ。

いまは長寿を願う参詣者が集まるそうだが、八百比丘尼のたどった道を考えれば、ここで長寿を

願うというのはやや違和感がある。

　八百比丘尼は、夫が死んでも父母が死んでも自分は老いることもできず、尼となって全国行脚を続けた。その果てに、ひとりで洞の中に入っていって、鉦を叩きながらお経を詠み続けたのだ。椿が好きだった八百比丘尼は「椿が枯れたら死んだと思ってください」と言い残していたともいうが、やがて鉦の音は途絶えてしまった。

空印寺の八百比丘尼入定洞

　不老不死は人間の夢のようにもいわれるが、一人だけがそうなったときには、やりきれなさばかりがつのっていくのではないだろうか。

　夢枕獏の『陰陽師』、それを原作にした岡野玲子のコミックには、それぞれ「白比丘尼」という章があり、八百比丘尼のことが描かれている。どちらも悲しい話だ。

　岡野玲子が描く八百比丘尼の最期は、とくに象徴的だ。

　短刀で自ら首を突いても死ぬことができない八百比丘尼が、「私は死にたいのです」「その手でこの命　絶っていただきとうございます」と安倍晴明に懇願するのだ。その場所は入定洞ではなかったが、「私はひとり　誰も迎えに来てはくれません」と晴明の腕の中で息を引き取るシーンはあまりにも切ない。

近年、一種のブームにもなった**安倍晴明**は、九九〇年から九九四年にかけて敦賀に住んで、天文・地文の研究をしていたそうだ。

そのため、敦賀には晴明神社がある。南北朝時代と信長の侵攻があった際にも戦火から免れたとして「防火の神」としても信仰されている。その近くで月に一回開催される朝市は「晴明の朝市」と呼ばれる。

付け加えておけば、晴明とはニアミスのようにして、**紫式部**が越前国に入り（九九六年といわれる）、一年あまりを過ごしている。父親が越前の国守に任じられたためで、そのときの様子は歌にも詠まれている。

「こゝにかく　日野の杉むら　うずむ雪　小塩の松に　今日やまがへる」

日野とは、越前五山にもかぞえられる日野山のこと。〝日野山を埋める雪は、京の小塩山の松に今日は見まちがえる〟というような意味となる。

わざわざ確認しておく必要はないと思うが、紫式部は『源氏物語』の作者と考えられている日本を代表する偉人のひとりだ。

越前市には紫式部公園がある。寝殿造の庭園を再現した美しい公園だ。そこに立つ紫式部像が金色であるのはややビミョーだが。

▼「不死鳥のまち」へ

福井県には明るい歴史も当然あるが、つらいこと、苦しいことを乗り越えることのほうがそれよりはるかに多かった気がする。

福井市の中心市街には「**フェニックス通り**」がある。

福井は戦時中の空襲によって甚大な被害を受けているし、そこから立ち直ろうとした矢先の一九四八（昭和二十三）年には福井大地震があり、再び壊滅的な状況に陥った。

それでもくじけず復興を遂げた「不死鳥のまち」の象徴がフェニックス通りといえる。

福井の県民性としては〝粘り強さ〟がよく挙げられる。

その粘り強さは、七転び八起きの歴史によって培われてきたものだともいえそうだ。

3 知っておくべき福井の偉人たち

名宰相ともワンマン宰相ともいわれる吉田茂が福井の人だといえば、さすがにウソになる。ウソはいけないし、すぐバレる。

ただし吉田茂は、福井藩士だった吉田健三の養子として育てられているのだから、福井とのつながりはそれなりにあったのだ。とはいえ、福井で育てられたわけではないので、そのつながりはかなりビミョーなものではある。

▼福井が生んだ天皇と総理大臣

では、福井からは歴史を動かしたような人物は出ていないのかといえば、そんなことはない。福井からは天皇も総理大臣も出ている。

天皇に関しては、正確にいえば、福井のお生まれではない。だからといって吉田茂ほどビミョーな話ではなく、第二十六代天皇・**継体天皇**と福井とのつながりはかなり深い。

継体天皇は滋賀県で生まれたが、幼いうちに父親を亡くし、その後は母親（評判の美人だったそうだ）の故郷である現在の丸岡町あたりで育てられた。天皇に即位されるまでの五十年ほどは福井県で過ごしており、福井平野の治水工事の指揮をとったなどというさまざまな伝説を残した。

そのため、継体天皇は〝福井出身の天皇〟として県民に親しまれているのだ。足羽山に継体天皇像があるのをはじめ、ゆかりの地は多い。

足羽山の継体天皇像

また、福井県出身のいまのところ唯一人の総理大臣は**岡田啓介**だ。
現在の藤島高校にあたる福井中学を卒業して東京に出てから軍人になっている。そして海軍大臣などを務めたあと、一九三四（昭和九）年に総理大臣に就任したのだ。
二・二六事件でクーデターを起こした青年将校らによって命を狙われながらも難を免れた総理大臣といえば、ピンとくるだろうか。
そういう経歴とはうらはらに、本人は生涯にわたって清貧を通した、軍人然としていない人物だったといわれる。それもまた福井人らしい。

▼四賢候の一人、春嶽は「リンゴの父」

幕末にも賢人はいた。

第十六代福井藩主・**松平春嶽**（慶永）は「幕末の四賢候」の一人とされるし、幕末を描くドラマなどでもお馴染みの存在だ。

坂本龍馬の人生にも大きな影響を与えた人物である。龍馬に対して勝海舟と会うことを勧める紹介状を書いているし、勝海舟が海軍操練所を建設した際には龍馬を通して資金援助をしている。

明治という元号を選んだのも春嶽だ。

それほどのことをしていながらも、春嶽本人はこう振り返っている。

「四賢侯などと言われているが、本当の意味で賢侯だったのは島津斉彬公お一人だ」

なんとも謙虚な人だったわけである。

また、西洋のリンゴを日本に導入したという一面もある。苗木を取り寄せて江戸の福井藩下屋敷に植えただけでなく、津軽地方が栽培に向いていると考え、苗木を贈ったといわれる。現在、津軽地方がリンゴの名産地になっていることからいっても、ものすごい先見の明だ。

だからこそ春嶽は、「リンゴの父」とも呼ばれる。

春嶽公を祀る福井神社に銅像が建てられているのは当然のことだが、青森のリンゴ園にも銅像が

福井出身の総理大臣、岡田啓介
「国立国会図書館蔵」

四賢公の一人、松平慶永（春嶽）
「国立国会図書館蔵」

あるのだという。どういう規模のものかはわからないが、かつて新聞記事にもなったということだ。

▼幕末の賢人と福井の夜明け

橋本左内も、幕末に生まれた才人である。

福井市内には「左内公園」があり、銅像も建っている。「橋本左内先生像」として「先生」が付けられているし、かなり巨大だ。それだけ敬愛されているのがわかる。

橋本左内は、その能力が買われて、春嶽に登用された。春嶽が設立した藩校である明道館（福井中学→藤島高校の前身）の学監心得にもなっている。ただし、春嶽を助けて一橋慶喜擁立運動に参加したことから安政の大獄で処刑され、二十五歳の若さでこの世を去ってしまった。

山本周五郎の小説「城中の霜」（『日日平安』所収）では、処刑に際して左内が、藩邸のほうを拝して両手で顔を掩い、声を忍んで泣いたと描かれている。武士が人前で涙などを見せてはいけない時代だ。それも、処刑前となればなおさらである。

にもかかわらず泣いたのが「武士の誇り」を持たない恥じるべき行為か、卑怯でも未練でもなく「命を惜しむ武士の泪」なのかを問いかける短編だ。左内の人柄がしのばれる名作である。

小浜藩士の**梅田雲浜**もまた、安政の大獄の犠牲者だ。

雲浜は尊王攘夷派の急先鋒で、幕政の大改革を提唱していた。そのため、安政の大獄が始まった最初の段階で逮捕され、拷問を受けても何も語らず獄死した。

坂本龍馬との親交も深かった賢人、由利公正

また、あまり知られていないことだが、明治政府の基本方針を示した「五箇条の御誓文」の草案を書いたのは福井藩士の**由利公正**である。

坂本龍馬とも親交が深く、龍馬が書いた「船中八策」が「五箇条の御誓文」に似ているのは由利公正の影響が大きかったからだと考えられている。東京府知事に就任したり岩倉使節団に加わるなど、明治維新でもそれなりに活躍しているが、能力と実績から考えればもっと目立ってよかったのではないかと思う。

最近、足羽川近くに「由利公正広場」がつくられ、銅像も中央公園からそこへ移された。「この人、誰？」などと言ってはいけない立派な人物である。

こうした逸材がいながら、その誰もがメジャーになりきれていないのだから、福井はやっぱり損をしている気がする。

この人たちのうちの誰かが大河ドラマか何かの主人公となり、「日本の夜明けは近いんやざ」などと決め言葉を口にしたならどうだろう？　龍馬にも負けない人気を博すことだってあるかもしれない。そうなればそれが、福井の夜明けにつながるわけである。

▼小浜はオバマで世界的知名度を得たのか？

最近、〝痛快な逆襲〟が企てられた例もある。

小浜市がその名を全国に広めたのはまだ記憶に新しいのではないだろうか。

そう。**「オバマを勝手に応援する会」**がつくられたのだ。

二〇〇六年に、まだ大統領候補の一人だったオバマが訪日した際、オバマ自身が「ワタシハ小浜出身ナンデス」と言ったのが事の始まりだという説もあるが、事実だとは考えにくい。空港の税関職員が「私は小浜の出身なんです」と声をかけたのがきっかけだともいわれている。そちらのほうが事実なのではないだろうか。だとすれば、大胆かつハジけている税関職員である。

福井には多くないタイプである気はするが……、小浜にはこのタイプが多いのか？

小浜市長は「小浜市の名前を広めてくれた」とオバマに礼状や若狭塗の夫婦箸を贈ったりもしている。また、観光協会員を中心として「オバマを勝手に応援する会」（当時は「オバマ候補を勝手に応援する会」）を結成して、オバマグッズを発売するなど、やっていることは次第にエスカレートしていった。

その姉妹団体のような「オバマガールズ」は大統領就任式でフラダンスを踊ることを目指していたという。当たり前のことだが、実現はしていない。

その後も大統領になって来日したオバマに会いたいと、同じホテルに泊まるなどしていたが、直接の対面はかなわなかった。

それだけ聞くとストーカーかパパラッチのようだが、そうではない。

オバマからは「皆さま方の友情に満ちた行動に感動いたしました」という礼状が小浜市に届いているのだ。〝大人の対応〟といえば、そうかもしれないが、小浜市は決して迷惑がられている存在ではないわけである。

オバマを勝手に応援する会は「オバマまんじゅう（おばまん）」なるものを発売しているが、そのパッケージの裏側にはその礼状を和訳した文章がプリントされている。

「オバマせんべい」「オバマハンバーグ」なども出していて、商魂たくましい。〝小浜市民総ノッチ状態〟ともいえるのかもしれない。

それによって何かが劇的に変わったのかといえば……、いまのところ、そんなことはなさそうだ。

だが、こうした大振りや空振りを繰り返していてこそ、逆襲は果たせる。

目立たないようにと謙虚にふるまっていてもいいことはない。

そのことは福井の歴史が教えてくれている。

COLUMN 3
〝鬼作左〟本多重次が書いた一通の手紙から生まれたベストセラー

ベストセラーとなった『日本一短い「母」への手紙』を覚えているだろうか?

これは丸岡町が公募している手紙文コンクール「一筆啓上賞」に寄せられた作品を紹介するセレクト集であり、その後もテーマを変えながらコンクールは続けられている。

『日本一短い父への手紙、父からの手紙』、『日本一短い手紙「愛」の往復書簡』なども出版されていて、新刊としては『日本一短い手紙「ありがとう」』がある。

この賞はもともと、「史跡による町づくり事業」の一環として始められたもので、「一筆啓上賞」という賞の名前は、丸岡藩にとってかけがえのない一通の手紙にちなんでいる。

丸岡城の天守閣下には「一筆啓上　火の用心　お仙泣かすな　馬肥せ」と記された石碑がある。

これは徳川家康の家臣である〝鬼作左〟本多作左衛門重次が、長篠の戦いの陣中から妻に送った手紙として有名なものだ。お仙とは嫡男、仙千代のことで、初代丸岡藩主・本多成重である。

原文はわずかに違って、「一筆申す　火の用心　お仙痩さすな　馬肥やせ　かしく」だったらしい。「かしく」とは「かしこ」のこと。碑も原文もそれほど違わない。

嫡男のことを心配して、家をちゃんと守るようにと言ってるだけだ。

それでもこの手紙をもらった鬼作左の妻は、うるさいとは思わず、そのやさしさに心打たれたのではないだろうか。そういう名文である。まさに「日本一短い妻への手紙」の秀作といえる。
この手紙が書かれてから四百年。現代に生きる人たちが書いた手紙はどうか……。

「お母さん、
雪の降る夜に私を生んで下さってありがとう。
もうすぐ雪ですね。」（天根利徳・大阪府五一歳）

「あと10分で着きます。
手紙よりさきにつくと思います。
あとで読んで笑ってください。」（瀬谷英佑・愛知県一六歳）

「お母さん、もういいよ。
病院から、お父さん連れて帰ろう。
二人とも死んだら、いや。」（安野栄子・千葉県四四歳）

などが「一筆啓上賞」を取った作品だ。
福井の人たちが書いた手紙にも心打たれる。

「父上よりも母上よりも長く生きました。
そろそろおそばへ呼んで下さらぬか。」（岡本純治・福井県七六歳）

「喰べてもいい　徘徊してもいい　わたしを忘れても構わない
お母さん　長生きしてね」（坪田芙美江・福井県四九歳）

人生が見え、生活が見える。
たった二行、三行の言葉がこれほど雄弁になるのだから、手紙が持つ力はすごい。
手紙というより「母」という存在がすごいのか。
忘れられるべきではなく、いつまでも読み継がれてほしいベストセラーだ。

第4章

忘れた頃に生まれる鬼才たち

——福井が誇る？ 有名人

1　福井を愛してくれる大物たち

女とは？　宝よ。男とは？　子供よ。しからば問う、裕次郎。喜びとは？　……呑むことよ。

宇野重吉のTVコマーシャルといえば、石原裕次郎とのこの問答で知られる「松竹梅」がまず挙げられる。しかし、ある程度の年齢の福井人であれば、故郷の福井を語る福井新聞のシリーズのほうが強く記憶に残っているはずだ。

「故郷といえば思い出す。たくあんの煮たのと福井新聞」

「福井は水がうまい。水がうまいから米がうまい。米がうまいから酒がうまい。この年になって福井は最高の田舎だなあ、と思う今日この頃です」

セリフの細かい部分は正確に覚えていないが、心に沁みる言葉が語られる素朴なCMだった。

▼なつかしのCM

福井出身のタレントのツートップが宇野重吉と五木ひろしであることをビミョーに感じていたとプロローグでは書いたが、それはもちろん子供の頃の感覚だし、二人への親しみはその当時から持っていた。

とくに宇野重吉は、福井新聞のコマーシャルを見ているだけでもほっとできたので好きだった。年齢的には祖父に近かったので、僕らの世代の感覚としては〝福井人みんなのおじいちゃん〟というところがあったのだ。

最近は「**寺尾聡のお父さん**」と説明される場合も増えている。しかし、寺尾聡の『ルビーの指輪』がヒットした頃にしても（一九八一年）、福井人にとってはあくまでも寺尾聡のほうが「宇野重吉の息子」として認識されていた。

しからば問うのコマーシャルは、現在でもインターネットのユーチューブなどで見られるが、福井新聞のコマーシャルも、また見てみたい。子供の頃に見ていたよりも、やさしい語り口が心に沁み込んでくるのではないかという気がする。

同時期にはたしか**岡本綾子**が福井の自動車学校のTVコマーシャルに出ていた。賞金女王になるなどして女子プロゴルファーの顔になっていながらもこれぞ地方CM！というものだった。そのため、彼女も福井の人なのかと思っていた時期もあったが、正確にいえばそうではない。

広島出身の岡本綾子は、愛媛の高校を卒業したあと、福井の会社に就職した。その時期にどうやら自分自身もその自動車学校に通っていたらしい。中学時代からソフトボールでならしていたが、福井でもソフトボールを続けて国体で優勝！　その祝勝旅行でハワイに行ってゴルフと出合ったのだという。そういうことであるなら、「福井が生んだ女子プロゴルファー」ということにしておいてもいいはずだ。やや強引ではあるのだが、そんなふうに理解しておかなければ、福井出身の有名人を増やしてはいけまい。

そんな時代は長く続いた。

▼五木ひろしは「耳中学」出身

子供の頃には、あまり自慢する感覚にはならなかったけれど、**五木ひろし**は大物中の大物だ。この人はちゃんと福井で生まれているし……と思って、よくよく調べてみると、京都府で生まれて三重県で幼少期を過ごしていたりする。

だからといって、がっくりすべきではない。それにしても、親の仕事の関係で転々としていたのが理由であるからだ。

公式ホームページを見ても、プロフィールには「出身地＝福井県三方郡美浜町」と書かれている。自分史を振り返るインタビューの中でも、「人間としての第一歩は母の故郷福井県の美浜町です」と語っているのだ。それでこそ、福井が誇る大物歌手である。

「僕の通った中学は耳中学というんです」とも振り返っている。知らない人が聞いたら、医療系の学校か、妖怪学校かと驚くかもしれない。福井人でも嶺北の人なら知らないだろうか。

いまは美浜町に組み込まれているが、かつては美浜の中心あたりに耳村があった。耳川もあるし、耳川橋もある。

美浜には「彌美《みみ》神社」があり、その祭神が開化天皇の孫にあたる室毘古王《むろびこのみこ》で、若狭之耳別《わかさのみみわけ》という一族の祖になるのだそうだ。それにちなんでこの地が耳の庄と呼ばれるようになったとのことであり、顔についている耳とのつながりはよくわからない。まあ、とにかく五木ひろしはそのあたりの出身であるわけだ。

地元愛も強い。たとえば一九九七年にタンカーの重油流出事故があった際には「できることなら自分も重油の汲み取りをしたかった」と話していた。ちょうど座長公演中だったのでそれができず、義援金を送っている。

女優の和由布子と婚約した際にはすぐに二人で地元に里帰りして美浜を沸かせたし（一九八八年）、なにより、有名になってからもヨーロッパ軒のカツ丼を愛し続けているのがうれしい。

小浜（と大阪）を舞台にしたNHK連続テレビ小説『**ちりとてちん**』に五木ひろし本人役で繰り返し出演していたのも感動だった。

「福井県のために何かしらお手伝いできるのであれば」ということでの出演である。

〜ヨコハマ♪たそがれ〜〜
ちかっぱウタがうまい
本名
松山数夫ざ

小学生の頃に美空ひばりと出会い、興奮して飛び込んだ思い出の海を眺めている……というドラマのシチュエーションは、実話をもとに五木自身がアイデアを出したのだともいう（ロケは松原で行なわれたが、実際は久々子海岸で美空ひばりと出会ったそうだ）。

ドラマの中で、ヒロインの母、和田糸子（和久井映見）は熱狂的な五木ひろしファンでありながらなかなか本人に会えずにいたが、最後には本人が歌う「ふるさと」を生で聴くことができている。もちろん、僕もテレビで聴いた。以前から何度も聴いたことはあるわけだけど、「ふるさと」がこれほど沁みる歌だということは個人的にはこのときはじめて知った。

僕が五木ひろしのファンになった瞬間である。

子供の頃から〝ふるさとの大スター〟だったのに、このとき僕は四十歳になっていた。さすがに遅すぎたと猛省している。

▼えち鉄と芥川賞作家

「福井県のために何かしらお手伝いしたい」という感覚は、福井出身者の多くが持つようだ。

福井出身の芥川賞作家、**津村節子**は『オール讀物』のおしまいのページに「愛らしい電車」というタイトルのコラムを書いて（二〇〇八年十月号）、えちぜん鉄道、いわゆるえち鉄のことを紹介していた。

少し長くなるが一部を引用しておく。

《私は福井へ行くと、京福電車に乗る。家々の軒すれすれを走り、疎水べりに出たり、急に広々とした九頭竜川の河川が展開したり、遊園地の電車のような車輌に揺られて無人駅を通過して行くのはのどかである。しかし二〇〇〇年、二〇〇一年に二度も正面衝突事故を起こし、運転停止となった。

利用者が少くなって赤字会社だったので、廃止する話も出た。しかしこれが無くなると、困るのは学生とお年寄である。バスは渋滞し、雪が積るとあてにならない。

住民や自治体が駅や周辺の清掃を行い、線路沿いの草刈りや雪かきを始め、その熱意が通じて第三セクターえちぜん鉄道が設立された。安全とサービスをモットーに若い女性の乗務員が、改札、アナウンス、観光案内もしている。この鉄道は芦原三国、東尋坊方面、永平寺、スキー場や、学術的にも大変貴重な資料を展示している恐竜博物館がある勝山などを結んでいるので、観光利用もあり、乗降客は一年で倍増し、更にふえ続けて新駅が二つも出来たとは驚きである。

廃線計画のある路線でも、熱意と工夫で黒字に転ずる好例として、愛らしいえちぜん鉄道を参考にして欲しい》

どうだろうか。この文章を読んだ人は福井に行き、えち鉄に乗りたくなるのではないだろうか。

僕自身、この本を書いている最中に福井に帰り、えち鉄に乗った。

生まれ変わったあとのえち鉄に乗るのは二度目だった。津村さんのコラムの中にも書かれているように、電車が通るスレスレのところに家が建っていて、走る電車の窓から手を伸ばせば、干している洗濯物が取れそうなくらいだ。かと思えば、至近距離に田んぼがあったり、お墓があったり。

アテンダントも魅力のえち鉄

勝山永平寺線では（えち鉄には「勝山永平寺線」と「三国芦原線」がある）、小舟渡《こぶなと》と保田《ほた》という駅のあいだで見える九頭竜川が美しい。渓谷を走るトロッコに乗っているような気分にもなれる。

一度目、二度目と〝えち鉄名物〟のアテンダントさんには会えなかったが、三度目の乗車でようやく会えた。すべての電車にアテンダントさんが乗っているわけではないとは知っていたので、「どのくらいの割合でアテンダントさんが乗ってるんですか?」とも直接聞いてみた。

セクハラではない。彼女たち自身、「ご質問やお困りごとがございましたらお申し付けください」と言ってくれている。実際に「日中の電車にはだいたい乗っています」と、およその時間帯を教えてくれた。それまでの僕は、運が悪かったというより、朝、動き出すのが早すぎた

大人も子供もドキドキのアミューズメント空間、恐竜博物館

わけだ。

このアテンダントさんは、美人顔で標準語のアナウンスをしていたが、話しかけると、福井弁で応じてくれた。仕事ぶりもしっかりしているうえにあたたかみがあり、うっかりすると、ホレてしまいそうなひとだった。

「ローカル線も接客業」という発想からえち鉄のアテンダントは生まれたようだが、えち鉄ガールズ、あなどり難し、なのである。

彼女たちもまた、福井の顔になっている。

このときには恐竜博物館にも、はじめて行ってみた。

『ちりとてちん』では、ヒロインの弟の和田正平が**恐竜博物館**に勤めるようになるが、予想をはるかに超えて、立派で楽しい施設だ。大人も子供も楽しめるということでは全国トップクラスのアミューズメントパークといえるのではないだろうか。

無名の僕の力が津村さんにかなうはずなどはないが、この本を書いたことで、一人でもいいからえち鉄や恐竜博物館に導けたならいいなとは思う。

▼すぐ傍にいた大物たち

福井出身の有名人としては、敦賀出身の**大和田伸也**も〝大仕事〟をやっている。

初監督作品として、二〇一三年公開の『恐竜を掘ろう』という恐竜博物館を扱った映画（恐竜映画ではなくヒューマンドラマ）を撮り、県内でロケをしているのだ。

その記者会見では「念願の映画監督を最初にやるときは、どうしても我がふるさと、福井県を舞台にしたいと思っておりました」とも話している。

大和田伸也、**大和田獏**の兄弟が敦賀出身だということは当然、子供の頃から知っていた。その先祖は敦賀市立博物館の前に銅像が建っているような立派な実業家であり、大和田兄弟も僕の家のけっこう近くに住んでいたと聞いていた。

それでいながら、ものごころがついたときにはすでにテレビで活躍していて敦賀にはいなかったので、印象としては「敦賀生まれで東京に行った人」のようになっていたのだ。大和田伸也が敦賀の高校を卒業しているのはあとから知った（高校は僕と違うが、大学の先輩にあたる）。

初映画のロケを福井で行なうほど、ふるさとを思う気持ちが強い人だと知り、いまさらながら親近感を持つようになっている。

大和田獏についていては「連想ゲームの人」というイメージもあり、子供心にはやはり、どちらかというとビミョーなところもあったのは、申し訳ないが事実だ。ただ、大和田獏にしても、九頭竜川を旅する番組に出ていたり、福井アピールのためにひと役買ってくれている。

大物といえば、出身者ではないが**桜田淳子**もいる。

クック、クックである。

彼女は一九九三年に敦賀に引っ越してきたが、それほど騒ぎ立てられることもなく受け入れられて、普通に暮らしているようだ。敦賀に来た当時はわずかに生活の様子がＦＲＩＤＡＹなどもされていたが、宗教的な結びつきから結婚したご主人（敦賀の人）とも「本当に仲が良さそう」との証言が載っていた。結構なことである。

ビミョーといえば、**「あのねのね」の清水國明**もまたビミョーか。

あのねのねは好きだったたし、「赤とんぼの唄」もよく歌っていたが、子供の頃には福井県出身の人だという意識はなかった。本人たちがよくネタにしていたように「京産大の人」というイメージが強かったのだ。実際は大野の人である。

パート出身でありながらブックオフの会長に就任したことで話題になった橋本真由美さんは、清水國明のお姉さんとしても知られる。旧姓は清水さんだ。

会長になったのはブックオフと縁故があったからではないし、清水國明のお姉さんだからでもない。それだけの力があったからだ。

福井出身者の潜在能力の高さを示してくれたともいえる。

「羽をとったら」「足をとったら」ではなく、「羽をつけたら」を地で行く人だ。

そう書いても若い人にはわからないかもしれないが、羽をとったらアブラムシ、羽をつけたら赤とんぼ、なのである。

恐竜王国ふくい
♪始祖鳥の羽をとったら
♪恐竜カ？
学界の結論はでたのか？

2 アイドルの時代、到来！

四十代のおっさんが、**おニャン子クラブ**の会員番号を覚えているといえば引かれるだろうか。

会員番号16番、**高井麻巳子**。

ほかのメンバーは覚えてないけれど、それだけは覚えている。

特別なひと、とでもいえばいいだろうか。

僕にとっても、福井にとっても、だ。

▼等身大のアイドル「おニャン子クラブ」

高井麻巳子は小浜の人で、福井出身のタレントに対するイメージそのものを変えてくれたといえる。なにせ、宇野重吉、五木ひろし、大和田伸也＆獏、清水國明……ときていたところでのおニャン子である。

自分が十代の頃に同世代のアイドルが同県から出てきたのだ（彼女のほうがひとつだけ年上だ）。それも「おニャン子クラブ」のなかでもルックス上位だったのだから、いやがうえにも気持ちは盛り上がる。

極端にいえば、待ちに待った恋愛対象にもなり得る同郷有名人の登場である。宇野重吉や五木ひろしとは、その点で決定的に違う。

生まれ育った場所にしても、それほど離れているわけではない。僕の田舎である敦賀の本屋で立ち読みをしていたときに、彼女の同級生であるらしい人間が、若狭高校での彼女はどうだった的な噂話をしていたのを聞いたこともあるくらいだ。どこかで出会えるかもしれないという淡い期待も持っていた。

彼女によって、福井県出身有名人のイメージが一変したといっても過言ではない。

「私が育ったのは福井の小さな田舎町で、少しでも派手なことをすれば噂になるし、家は商売をしていたので、すぐ親の耳に入る。どこかで〝よい子〟にしてなくちゃいけないという意識があって、そこから逃れたかったんです」

引退後ずいぶん経ってからアイドル時代を振り返ったインタビューの中ではそんなふうにも話していた（『婦人公論』二〇〇二年四月二十二日号）。

その感覚は本当によくわかる。

気持ちを通じ合わせられる（本当は一方通行だけど）、等身大アイドルだったのだ。

▼福井の味を「お取り寄せ」

高井麻巳子もまた、いまなお福井経済の力になってくれている部分がある。

秋元康と結婚して芸能界を引退したあと、**秋元麻巳子**として『**お茶の時間のお取り寄せ**』、『**幸福のお取り寄せ**』などの本を出していて、その中で福井の名産品も紹介してくれているのだ。

たとえば**小浜の木屋伝の「でっちようかん」**。

これは水ようかんをさらに水で薄めた感じのものだということだ。

「子供の頃は、こんな『でっちようかん』より、もっときれいなケーキを食べたいと思っていたのだが、大人になって、東京できれいなケーキばかりを食べていると、無性に『でっちようかん』を食べたくなることがある」（『お茶の時間のお取り寄せ』）と書かれている。

木屋伝のでっちようかんを食べたことはないが、水ようかんだと考えれば共感できる。

敦賀の奥井海生堂の「昆布の詰め合わせ」のことも紹介されている。この昆布屋さんは、先にも書いた我が実家のご近所さんだ。

「自分がハマってしまうとみんなに勧めたくなるのが、私の悪い癖なのだが、この『奥井海生堂』の〝昆布の詰め合わせ〟はみんなに喜ばれている。日持ちはするし、根昆布・とろろ昆布・結び昆布は、和食ならどんなものでも、それを入れる一手間でぐんと旨みがでる」（『幸福のお取り寄せ』）のだという。

悪い癖などといわず、今後もどんどん、ひとに勧めてほしい。

小浜の朽木屋商店の「浜焼き鯖」も忘れられない味のようだ。

「焼きたてを生姜醤油で食べるのは、間違いなく美味しいのだが、小浜の実家から送ってもらった翌日の冷めたものも美味しい」（『幸福のお取り寄せ』）とのこと。

いちど人気に火がつけば、お取り寄せもままならないほどの人気になることもあるのがいまの時代だ。お取り寄せの輪は今後もぜひ、広げてほしい。そして個人的には、どこかでお近づきになれないものかと、いまなお思っている部分もなくはない。

▼おニャン子からモー娘へ

「モーニング娘。」の第六代リーダー、**高橋愛**が福井県坂井市出身だということは、わりと最近になってから意識した。

資料をひもとけばデビューが二〇〇一年で、リーダーになったのが二〇〇七年とある。

モー娘を生んだ『ASAYAN』という番組は見ていたが、二〇〇一年頃になると、こちらの年齢的にアイドルは守備範囲ではなくなっていた。そのため、彼女のことをあまり深くは語れない。ただ、モー娘に十年以上、在籍していたということだけでも、アイドル史に残る存在であるのは察せられる。

僕たちの世代では高井麻巳子がアイドル不毛地帯・福井の救世主になっていたわけだが、その地

敦賀の名産品、おぼろ昆布

小浜自慢の浜焼き鯖

位を継いだといえるのではなかろうか。

ルックス、歌、演技ともに正統派のアイドルだ。同性にも好かれるキャラなので、多くの人たちがビミョーな感覚を持たずに「福井出身有名人」として彼女の名前を挙げていたのではないかと想像される。

デビュー当初は福井弁なまりがひどくて、よくいじられていたそうだが、モー娘卒業後には「ふくいブランド大使」にもなっている。

『ふくいドットコム』には「高橋愛の愛♥ＦＵＫＵＩ」というコーナーもある。

「水ようかんはコタツでよーーーく食べてました♪♪　東京だと、水ようかんは夏に食べるものみたい。不思議だなぁ…」

「私が大好きなソースカツ丼は、東京にないんです(><)東京で初めてカツ丼を頼んだとき、卵とじのカツ丼がでてきてびっくりして、寂しい気持ちになりました」

などとも書いてある。

〝福井県あるある〟〝東京に出てみてビックリあるある〟は、二十歳ほどの年の差があってもほとんど変わらないわけだ。

モー娘時代から注目していたかったと後悔もする今日この頃である。

二〇一四年四月には、福井の魅力を彼女が紹介していく本格的な観光プロモーションビデオも発表された。こういうビデオは、福井県人が楽しむということだけでなく、できるだけ県外の人たちの目にとまるようになってほしい。

ちなみに書いておくと、ラジオなどで活躍する**小川恵理子**も「ふくいブランド大使」になっている。鯖江市出身で主に関西で活躍している人だが、どうやら僕と同時期に同じ武生高校に通っていたようだ。彼女のほうが一学年下だが、高校時代に出会っていたかった。

もうひとつ書いておくと、サイバーエージェントを設立した**藤田晋**氏もまた、鯖江市出身、武生高校卒業だ。ただし、何年か学年が下がるので、高校では出会いようがなかった。もし知り合えていたなら仕事くらいは紹介してもらえただろうか。

▼インターナショナルな三姉妹とアダルトな女子大生

高井麻巳子、高橋愛ときて、**道端三姉妹**である。

福井出身のタレントもずいぶん洗練されてきたというか、若い人向き、現代的、インターナショナルになってきた。

なにせ**カレン**、**ジェシカ**、**アンジェリカ**である。

あまり福井人っぽくない名前の気はするが、お母さんが福井人でお父さんは外国人というハーフなのである（正確にいえば、お父さんもスペイン系アルゼンチン人とイタリア人のハーフだそうだ）。名前がカタカナなのもそのためだ。たぶん。

純粋な福井人であってもカタカナの名前を付けてはいけないわけではないので、たぶんとしかいいようがない。

姉妹三人揃ってモデルというのもすごいことだが、元モデルだった母親が、最初から娘たちをモデルにしようと考えていたそうだ。「食事はほぼ毎日ステーキ」、「おやつは与えない」、「正座は禁止」といったモデル英才教育をほどこしていたことも話題になっている。

そんな発想をもつ福井人もいるんだなあと驚かされる。

次女ジェシカのモデルデビューを機に家族で上京したらしい。であれば、カレンは成人近くまで福井県で過ごしていたわけだし、ジェシカ、アンジェリカも小学校は福井の学校で、中学校一年や二年から県外ということになる。

中一といえば、ためらいなく地元の言葉を話している年頃だ。実際にアンジェリカは上京した頃に方言が出ることを笑われていたらしい。

それでも最近は、イベントなどで「ひってぇ素敵なキャンペーンやの～!」「ちかっぺ、こさえた」と福井弁を披露して話題になっている。一流モデルだからこそなせるわざだが、福井のことを忘れずにいるのがうれしい。

道端三姉妹とはまた方向性が変わるが、最近は**西川ゆい**も人気だ。

そんな子は知らないという人も多いかもしれないが、まあ、それもそうかもしれない。彼女のお仕事は、一般的には親兄弟や近所の人たち、同郷人にはあまり知られたくない……と本人が思っていることが多いだろうAV嬢であるからだ。まあ、さすがに本名ではないとは思う。僕の同級生の西川君の娘さんだったりもしないだろう。たぶん。

デビュー作は『現役女子大生‼ゆるかわインテリ18歳AVデビュー‼』という作品で、「超絶カワイコちゃん」などと雑誌などでも紹介されている。写真を見る限り、本当にかわいい。福井出身のAV嬢は過去にもいるが、アイドルなみのルックスの持ち主ということでは特筆できる存在だ。

ただ、福井出身のそんな子が、お仕事とはいえ、どんなことをしているかと思うと……。

あまり人前でそういうことはするもんじゃないですよ、と言いたい父親的な気持ちになってしまう。年のせいなのか郷土愛なのかはわからない。だけど、他県出身のAV嬢なら、どれだけかわいくてもおそらくそうは思わない。

3 ただものではない！ 神々の時代

再び時計の針を巻き戻してみると、エンタツ・アチャコの**花菱アチャコ**は勝山の出身で、宝塚星組でトップスターになった**峰さを理**は敦賀の出身だ。それも実家はかまぼこ屋さんで、本名を聞けば福井の人間であれば誰でもわかる有名店である。

福井出身者には意外と大物が多いわけだ。

▼「球界の春団治」も！「ミスタープロレス」も！

スポーツ界にしても、頼れるのは辻佳紀だけではない。

〝球界の春団治〟と呼ばれる**川藤幸三**もそうだ。

「カネはいらんさかい、阪神の選手をやらせて」とチームを口説いて選手生命を長くしたともいわれる。十九年間阪神に在籍していながら、生涯ヒット数は二一一本というのはビミョーな数字だ

（イチローの一年分である）。それでもオールスターに出ているし、解説者になったりコーチになったりタイガースのOB会長になったりしている。ある意味、比類なき豪傑なのである。

プロ野球では、**東出輝裕**（鯖江出身）や**天谷宗一郎**（鯖江出身）、**高橋聡文**（高浜出身）、**牧田明久**（越前市出身）ら現役選手もけっこう多い。名前を挙げなかった選手はすみません。

ジャイアンツの**内海哲也**は京都出身だが、敦賀気比高卒業で、お母さんは敦賀で居酒屋をやっている。

そして大物といえばこの人！　大相撲出身ながら「ミスタープロレス」と呼ばれるまでになった**天龍源一郎**（勝山出身）だ。なにせ、ジャイアント馬場、アントニオ猪木の二人からフォールを奪った唯一人の日本人なのである。取材をしたこともあるが、男くさくも、やさしい人だ。

また、女子プロレスファンなら知らない者はいない**紅夜叉**が小浜出身。女子プロレスに興味がない人のためにわかりやすく説明すれば、名前どおり紅夜叉なひと……。女子プロレス人気が再沸騰した「交流戦時代」、赤い特攻服をトレードマークとするレディーススタイルで売り出して注目を集めた。印象としては福井出身が似合う感じだ。決して男くさくはない。

バレーボールの**三屋裕子**（勝山出身）や**中垣内祐一**（福井市出身）らも、バレーに詳しくなくても同時代人なら名前を知っている存在だ。

ボートレース界では**中島孝平**（旧・三国町出身）がいる。ボートレースに興味がない人は知らないかもしれないが、二〇一〇年の賞金王決定戦を制している。その時点においてボート界の頂点に立った存在なのである。個人的にも何度か話しているが、純で朴訥な努力の人だ。賞金王になって友達や親戚が増えたかもしれないが、そうでなくてもお友達になりたい好漢である。

作家も多い。

芥川賞をとっている**多田裕計**（福井市出身）や**津村節子**（福井市出身）、直木賞の**水上勉**（大飯郡出身）や**藤田宜永**（福井市出身）、絵本作家の**いわさきちひろ**（旧武生市出身）らがそうだ。『サラダ記念日』で知られる**俵万智**は大阪の生まれだが、武生市（現、越前市）で育っている。

近年でいえば、**殊能将之**や**舞城王太郎**が気になる存在だ。

二人とも揃って、断片的な情報しか明かさない「覆面作家」だが、それぞれに批評家泣かせといえるほど独自の世界観を構築できる鬼才といえる。

殊能将之は二〇一三年二月に亡くなった。残念としかいいようがない。ご冥福を祈りたい。

▼歴史に名を残す「偉才」

他に福井出身の有名人はいないかと調べていくと、**松旭斎天一**といった名前も見つかるが……、さすがにこの人のことは知らない。

それもそのはず、江戸時代（嘉永）に生まれ大正元年に亡くなっている人なのである。

「日本近代奇術の祖」だそうで、最近、福井市には「生誕の地碑」までが建てられている。いわば歴史上の人物なわけだ。

歴史上の人物といえば、出生が定かではない**佐々木小次郎**にしても、越前で生まれたという説もある。井上雄彦の『バガボンド』でも、小次郎は越前で育ったとして描かれている。

そして「燕返し」は一乗滝で身につけたともいわれているのだ。そのため、一乗滝には佐々木小次郎像も立っている。

こうして見ていけば福井は、忘れた頃に鬼才を生み出す風土ということもできる。

これからも、どんなジャンルでどんなタイプの才能が飛び出してくるのかわからない。

「やればできる子」というと、ありきたりな表現になるが、福井人はなんでもやれる。

そういう力を秘めているのだ。

COLUMN 4
福井人の魂が宿る必見ドラマ、『どてらい男』と『ちりとてちん』

『どてらい男』と書いて「どてらいやつ」と読む。

日曜夜九時から見ていた記憶があるので、僕が見ていたのは「戦後篇」以降になるのだろう。その放送年を調べてみると、僕が八歳から九歳の頃のことになる（「丁稚・独立篇」「戦争篇」が一九七三年から七五年にかけて火曜夜十時からの放送、「戦後篇」以降が一九七五年から七七年にかけて日曜夜九時からの放送だ）。普通なら「もう寝ろ」と怒られていたはずの時間にもかかわらず（スマホもなければファミコンもなかった当時の子供は健康的だった）、熱心に見ていた記憶がある。

ただし、ストーリーはまるで覚えていない。

いや、感嘆符をつけて自慢することではないのだけれど、「猛やん（もうやん）」という主人公を演じる西郷輝彦の姿が脳裏に焼き付いているのと、ドラマの中で「福井地震」が描かれていたことだけをよく覚えている。

福井地震は一九四八（昭和二十三）年に起きたので、僕が生まれる十九年前のことだ。当時、子供だった母が、あまりにビックリして包丁一本を持って家から道へと飛び出したという話を聞かされたことがある。福井では震度六で、大変な被害が出たわけだ。

『どてらい男』は福井から出てきた猛やんが大阪であきんどとして大成していく物語で、その中で福井地震も大きなターニングポイントになっていた。

四十代後半より上の世代で、このドラマを見たことがない福井人はいないのではないだろうか。

たとえストーリーはよく覚えていないにしても、

このドラマによって福井が「不死鳥のまち」で、福井人が「粘り強い」と心に刻みつけた人は多いはずだ。

『ちりとてちん』は、二〇〇七年から二〇〇八年にかけて放送されたNHK連続テレビ小説だ。やはり福井（小浜）から大阪に出たヒロインが落語家となる成長物語だ。「ちりとてちん」は主人公が初高座で演じた噺の題名である。

「あんな福井弁（若狭弁）はおかしい」と言う人もいたけれど、県外の人には簡単に使いこなせないのが福井弁だ。ドラマや映画で話される福井弁はたいてい変だし、ドラマなどで違和感のない福井弁が聞かれることは、これまでにもほとんどなかった。そういう中でいえば、『ちりとてちん』は許容できる範囲だった気はする。

方言の問題は別にして、とにかく名作である。キャストもストーリーも素晴らしいうえ、小浜の「塗箸」や「焼きサバ」、勝山の「恐竜博物館」、そして美浜の「五木ひろし」など、福井を知るためのキーワードがそれぞれに重要な意味をもってくる。

ヒロインの母がつくった「へしこ丁稚羊羹」なる創作料理の味は想像もしたくはないが、福井人にも福井を知らない人にも見てもらいたい作品である。個人的には大好きで、再放送なども含めて、二度、三度と見ている。

『どてらい男』と『ちりとてちん』を見れば、なんとなく福井のイメージが摑めるのではないだろうか。ソウルフードならぬソウルドラマだ。

第5章

武器か！　凶器か⁉
キャラが濃すぎる「福井弁」

1　離婚危機も招きかねない福井弁

「うちは味噌汁で離婚したんだよ。女房がどうしても赤だしに理解を示さず、白みそにこだわっていたから」

離婚歴のある名古屋出身の知人からそんな言葉を聞かされたことがある。

それがすべてであるはずがない、とは思う。だが、そういうところからわだかまりが生じ、少しずつ関係性がこじれていったということはあるかもしれない。

味噌汁ではなく、方言が離婚につながることもあり得る。

たとえば、「**はよしね**」。

誤解されやすい言葉の例として挙げられることが多い。僕自身、実際にこの言葉を口にしたことから危機的状況を招いてしまった過去がある。

福井人であれば「早くやりなさい」という意味でこう言うが、他県人がこの言葉を聞けば「早く死ね」に聞こえるわけだ。

えっと思ったときに「どういうこと？」と声を荒げてくれたならよかったのに、なぜそんなことを言われたんだと、それからずっと引きずっていたのだという。何年も経ってから、ふと「どうしてあのとき死ねなんて言ったの？」と振り返られた。

誰とのあいだでそういうことがあったかは書かないが、危うかった……。

そういうことがあるのが方言である。

▼意外に危険な言葉、「気の毒な」

もうひとつ意外な盲点となる実例を挙げておく。

「気の毒な」

である。

福井人であれば、いただきものをしたときなどに「結構なお品をいただきましてありがとうございます」という代わりにこの言葉を口にする。「つまらないものですが……」「これはまたお気の毒な」といった感じだ。

心がこもった言葉なのか口先だけのものなのかさえ問われないほど日常的な社交辞令である。

ところが他県人が相手のときには、その〝当たり前の言葉感〟が通用しなくなる。

「ちょっとお礼の品物を贈っただけなのに、気の毒とか言われた。あのくらいの品物を贈ることで憐れまれるほど貧乏だと思われているのか⁉」となるのである。

僕の身近でそういうことがあったとき、そんな反応があったこと自体に当惑したが、「気の毒な」と言われた側は、それ以上に当惑していたわけである。人間関係に大きな亀裂を入れてしまう可能性のある危険な言葉といえる。

たしかNHKだったと思う。福井、石川、富山あたりでは「気の毒な」が使われ、誤解を招きやすい、と解説されていた。そんなふうにテレビで扱われるほど危険度は高いということだ。

方言とはいいにくいところでも似た問題はある。たとえば、敦賀などでは「くさった息子」「くさったペット」「くさったクルマ」などという言葉をふつうに口にする人が多く、僕自身、その癖がついている。「くさった女房」……とは言わなくても、「くさったヤツ」「くさった猫」などとはよく口にしてしまうのだ。言っておくが、僕はかなりの愛猫家だ。

ここでいう「くさった」は、**大阪人が簡単に口にする「あほ」にも似た〝親しみの侮蔑語〟**である。とはいえ、他県人には許容されない言葉だとはよく理解しておかなければならない。へたをすれば家庭が崩壊してしまう。

▼まったく言葉が違う「嶺北」と「嶺南」

福井弁で戸惑うのは県外の人だけではない。

福井の人間ならよくわかっているはずだが、嶺北と嶺南では、言葉がまるで違う。**嶺北は「北陸**

方言」の一種とされるのに対し、**嶺南は**大阪弁に代表される**「近畿方言」**に分類される。

それだけではない。たとえば福井と武生（現、越前市）、あるいは敦賀と小浜などでもそれなりの違いが出てくる。

方言の専門書の中でも、嶺北では福井市や坂井市を中心とした「嶺北北部方言」、鯖江市や越前市を中心とした「嶺北南部方言（丹南方言）」、勝山市や大野市を中心とした「嶺北東部方言（奥越方言）」、嶺南では敦賀から旧三方郡にかけての「嶺南東部方言」、小浜市を中心にした「嶺南西部方言」に分かれるとされている（『都道府県別全国方言辞典』参照）。それほど大きな県でもないのに、これだけ言葉が入り組んでいるのは珍しいのではないだろうか。

そんな中、高浜虚子は**「萩やさし敦賀言葉は京に似て」**と詠んでいるが……、それはどちらかというと、敦賀ではなく小浜である気がする。

小浜は地域的にも京都に近いためにつながりが深く、文化や言葉などの影響も強い。そのため、言葉もはんなりとしている。対して、敦賀弁は汚い。

「河内のオッサンの唄」をご存知だろうか？

若い人は知らないかもしれないが……。

「よう来たの、ワレ」「ワイは全然さっぱりあかんだやんけ」「やんけ、やんけ、そやんけワレ」といった感じの歌だ。それが歌なのかと思うかもしれないが、歌である。

地元の市民団体かどこかから抗議を受けたことが話題になった記憶がある。歌っているのはミス花子という男性シンガーソングライターだ。一九七六（昭和五十一）年にヒットして、映画化までされている。主演は川谷拓三だった。

で、何が言いたいかというと、**敦賀弁**は、ほぼそれである。河内弁は大阪東部の方言だが、大阪弁のなかでもかなりクセが強い。その**河内弁と似ている**のだ。

いまの若い人はわからないが、僕が子供の頃の敦賀では、男が使う一人称は「**ワイ**」だった（地区によっては「**ワシ**」もいた）。相手を「ワレ」と呼ぶことはさすがになかった。それよりは少しだけ上品で、「**おめえ**」が多かった。この「ワイ」「おめえ」に対しては、大阪に住むいとこも戸惑っていたほどだ。

『オレたちひょうきん族』で明石家さんまが「知っとるケ」という妖怪人間を演じたとき、知っとるケの何がそんなに珍しいのかと不思議だった。

スタンダードな大阪弁ではあまり使われないというが（さんまは和歌山県出身、奈良育ちだ）、河内弁や敦賀弁では基本となるような表現である。さんまがこのキャラクターをやる以前の子供の頃から一日に二度も三度も「**知っとるケ？**」と言っていた気がする。

決して「やさし」な言葉ではないのである。

だからこそ僕は、大学で東京に出たとき、男たちが「……でしょ」などと言ってるのを聞いて、おかまの集まりなのかと気色悪くなったものだ。

友達の兄には、広島でいわゆるやっちゃんの事務所に連れて行かれながらも、敦賀弁を話してい

○福井は小さなアメリカである
東部に南部
西部にオバマ
♪カカア早よ
酒もってこんかイ
男ちゅうもんはワレ！
河内のオッサンの
乱暴な言葉のウラにある
やさしさに ムネが グッとつまる

るうちに解放されたという例もある。

「じゃけん」「ですけん」な広島のやっちゃんが引くほどの言葉、それが敦賀弁なのである。

敦賀弁では語尾に「**やんにゃ**」「**やでよ**」を付けることも多い。

意味を聞かれたなら、「やんにゃは、やんにゃやんにゃ」とでも答えたくなる。「やんにゃ」は関西弁の「……なんや」に近い感じだ。「やでよ」はまあ、「……やから」といったところか。

こうした表現は関西でもあまり使われない敦賀独自のものだといえそうだ。

▼武生もまた独特か

僕の場合、敦賀で育っていながらも母親の実家が福井市内だったので、どちらの言葉もいけると思っていた。福井弁の代名詞ともいえる「**おぜえ**」や「**のう**」などにも対応できていたのだ。

「おぜえ」は、おぞい。標準語では「ひどい」「古い」に近く、まあ、何かを悪く言うときにはおよそ使える言葉だ。

「のう」は語尾。言葉のあとにはおよそもれなく付いてくるようなものだ。「**ざ**」もそれに近い。「ほやのう」「ほやざ」といった感じだが、県外の人にはすでにチンプンカンプンか。「そうだね」「そうだよ」くらいのニュアンスだ。

そんなふうに「知っとるケ?」も「おぜえ」もどちらもいけるバイリンガルな僕だったが、武生高校に進むと、また知らない言葉を多く聞かされ、驚いた。

なにせ「**ちかっぺのくてぇ**」である。

武生弁限定ということではなく福井市の人も使う嶺北言葉に分類されるようだが（その辺に厳密な線引きはないといえる）、高校では毎日、誰もかれもが「ちかっぺのくてぇ」と言っているので、目が回りそうになったくらいだ。

「ちかっぺ」は力いっぱい。つまり、ものすごく的な強調の言葉だ。

「のくてぇ」はあたたかい。そこからの応用ということなのだろうが、のろい、遅い、ダメな、バカな、といった意味で使われる。春の暖かい日に、ぼうとしていて頭が回転していない状況をイメージしてもらえればいいだろうか。

ちかっぺのくてぇ。すなわち、ものすごくのろい、ものすごくバカな、といった感じだ。

そんな言葉があちこちで飛び交っているのは、それだけバカが多いということなのかといえば、そうではない。関西人が気軽にひとのことを「あほか」と言うようなもので、親近感を前提としての言葉である。その意味では敦賀の「くさった」にも近い。基本的にバカにしているにはちがいなくても、親しみがあってこそ口にしている言葉だ。

▼日本語を逸脱!? ベトにバイな世界

「**ベトにバイ、つっくりさす**って、意味わかるか？」

高校時代、こちらが敦賀人だと知ると、そんな問いかけをしてくる者もいた。

そう言われると……、なんだか、ものすごくオトナな言葉のような気がするじゃないですか？

でも、それが違うんですね。

意味は「土（ベト）に棒（バイ）を突き刺す（つっくりさす）」ということ。

福井弁がいかにわかりにくいかの例として挙げられることがあるが、日常的に使われるような言葉ではない。一生のうちに何度、「その棒、土に刺しといて」とひとに頼んだりすることがあるのか、という話だ。普通に生きていれば、それほど多くはないはずだ。福井人は他県人にくらべて、土に棒を差すことが多いわけではないのである。

オトナの言葉といえば、書いていいのかどうか……、**ちゃんぺ**、がある。

これはまあ、全国あちこちで言葉が変わるアレである。ボボ・ブラジルが活躍していた頃（力道山、ジャイアント馬場時代）、九州ではプロレス放送に困ったといわれる。それと同じ言葉だ。

そういえば、いまは立派な〝センセイ〟になっているかつての同級生が、何かというと、この言葉を口にしていた気がする。

「ちゃんぺ、したんか？」と聞くのが好きな男だった。人は成長するものだ。

2 知らなきゃ恥をかく「福井弁」辞典

福井弁、武生弁、敦賀弁、若狭弁。

それは、福井が全国に打って出る、逆襲のキーワードになるようなものではないかもしれない。

だが、福井人には「何が方言で、県外人には通用しない言葉であるか」を確認してもらい、県外の人には福井人のキャラクターを知ってもらうために、代表的な言葉をいくつか挙げておく。

県外に出ると、この言葉が方言なのか⁉と驚くようなことはけっこう多い。

たとえば鶏肉を「かしわ」と呼ぶのは関西や中部、九州などの地域に限定される。僕自身、大学で東京に行ったとき、かしわといって友達に通用しなかったときにはショックを受けた。厳密にいえば、「かしわ」は方言ではないが、ふだん当たり前に使っている言葉が通じるのか、通じないのかという線引きに自信がなくなってしまったのだ。そうならないためにも自分の使っている方言はよく理解しておいたほうがいい。

嶺北の言葉か、嶺南の言葉か？　福井では通じても武生（現、越前市）で通じないということはないか？　そうした線引きは難しいものが多い。嶺北で使われても嶺南で使われないなど、傾向がわかりやすい言葉については、その旨を記しておく。そうでない言葉は、使う人もいれば使わない人もいると考えてほしい。

▼「あ行」は福井弁の宝庫

【あ行】

あっぱ＝うんこ。

意識してない人も多いのではないかと思うが、これも方言だ。そのため、日本には「あっぱ」というバンドも存在している。福井では活動しにくいのではないだろうか。あっぱは、そのバンドのリーダーのニックネームのようなものだったらしい。福井に来れば……、気の毒でならない。

【例文】あっぱ、踏んでもうた（うんこ、踏んでしまった）。

あのぉおぅ＝あの～。

活字では伝わりにくいと思うが、イントネーションが独特だ。話し始めによくつける。主に嶺北というか、嶺南ではまず使われない。

【例文】あのぉおぅ、ちょっと、ええか？（ねえ、ちょっといいですか？）

あんねー＝おいしくない。

東京で「このアンパン、あんねー」といえば、餡がない、という意味だと取られて、「そんなアンパンはないだろう！」と言われるのではないかと思う。注意が必要だ。

【例文】このみかん、あんねー（このみかん、おいしくない）。


いきしま（いきしな）＝行く途中。

但馬方言としても紹介されているように、主に嶺南。帰りがけは「かえりしま（かえりしな）」、あるいは「もどりしな」。

【例文】いきしまに土産、こうていき（行く途中に土産を買っていきなさい）。


うら＝「俺」に近い男の一人称。

北陸方言であり、主に嶺北。女性は「うち」と言うことが多い。「うち」は京都をはじめ西日本全般で使われる言葉なので、こちらは嶺南でも使用される。

【例文】うらがやる（俺がやる）。

えん＝いない。

【例文】あの子、えんようなった（あの子がいなくなった）。

おおきに＝ありがとう。

福井弁として紹介されることもあるが、基本的には関西弁。

【例文】あんちゃん、おおきにな（おニイちゃん、ありがとう）。

おぞい（おぜえ）＝ひどい、古い、おそろしい。良くないこと全般に使われる。

主に嶺北。嶺南ではほぼ使用しないが、静岡や北海道など、似た意味で使う地方もある。

【例文】うらのクルマはおぞいでのう（俺のクルマはぼろぼろだから）。

おちょきん（おっちん）＝正座。

【例文】おちょきん、しねま（正座しなさい）。

「しねま」も他県ではなかなか通じにくいはずだ。「しなさい」の意味。

おぼこい＝うぶな、無邪気な、子供っぽい。

こちらも関西弁だ。

【例文】あの子はまだおぼこいのう（あの子はまだ子供っぽいなあ）。

おもっしぇ＝変な、とんちんかんな。おかしな、おもしろい。

「おもっしぇとこにクルマ停めて」「この服、おもっしぇこと言わんとき」のように使えば、おかしなこと、ワケのわからないことを言うな、といった意味合いだ。両者にそれほどの違いはないが、前者の場合は腹立ちの意味が込められていることも多い。「昨日、おもっしぇテレビやってたで」となると、「変な番組」のことなのか、本当に「おもしろい番組」のことなのかは区別しにくい。ただ、基本的には「変な、とんちんかんな」といったニュアンスがある場合のほうが多いはずだ。

【例文】おもっしぇの説明せえって、おもっしぇこと言うな（「おもっしぇ」って言葉の説明をしろって変なことを言うなあ）。

▼誤解を招きやすい「か行」

【か行】

かぜねつ＝口内炎、口角炎。狭義では、風邪を引いて熱があるときに口の両脇が荒れること。

標準語と勘違いしている福井人が多い代表的な言葉のひとつ。東京などでこう言えば、まず、風邪で熱があると受け取られる。

【例文】かぜねつできとるから、ものが食べにくいんや（風邪で口に口角炎ができてるから、食事がしにくいんです）。

【か行】

かたいけの＝元気ですか？

「堅いか？」という意味だと勘違いされそうだが、そうではない。福井弁版の「How are you?」だと理解してもらえばいい。

【例文】ひさしぶりやのう、かたいけの（ひさしぶりだね、元気でしたか？）。

きつい＝強い。しっかりしている。

きついには、「激しい」「程度がはなばだしい」「ゆるくない」という意味のほかに「強い」「しっかりしている」という意味もあることは辞書に載っているので、正確には方言とはいえない。それでもやはり、全国的には「強い」という意味では通じにくい、と覚えておいたほうがいい。

「えらい」の場合も同様だ。一般的には「偉い」の意味に限定される。「大変だった」という意味で、えらいを使うのは名古屋、福井など一部地域に限られるので注意。

【例文】あんなきつい仕事をしても平気やなんて、きつい人やなあ（あれほどハードな仕事をしても平気だなんて、丈夫な人だなあ）。

くどい＝味が濃い。

「しつこい」というような意味で、くどいと言うのは一般的だが、味をくどいと表現するのは一部地域に限られる。

【例文】このおかず、くどいな（このおかず、ちょっと味が濃いね）。

……などと言えば、他県人には「いくらなんでも、そんな言い方はひどい」と思われることもあるので注意！　やはり個人的にも経験がある。

こっぺな＝生意気な、大人びた。

【例文】こっぺなこと言うなあ（大人びたことを言うね）。

▼キャラがよく出ている「さ行」

【さ行】

ざ（やざ）＝～だよ。

というよりも、意味はほとんどないような語尾。主に嶺北。

【例文】このお酒、うまいんやざ（このお酒、おいしいよ）。

ざいくさい＝田舎っぽい。

「ざい」は田舎。正確には方言ではなく一般的な日本語だ。「……くさい」は「……っぽい」というような意味合いで広く応用される。

【例文】あいつの服装はざいくさい（あいつの服装は田舎っぽい、あか抜けない）。

ざいは郊外を指すことも多いので、「ざいのもん（もんは者で、郊外に住んでいる人間）」「まちのもん（市街地、商店街に住んでいる人間）」という言い方もする。

しなあっと＝いつのまにか、なにげなく。

「うまいことやって」的なニュアンスも強い。福井人は方言という意識をもたず日常的によく使うが、基本的には他県人には意味が通じないと考えておいたほうがいい。

【例文】しなあっと、いい場所取っとる（いつのまにかちゃっかりといい場所を取っている）。

じゃみじゃみ＝テレビの砂嵐状態。

福井弁としてよく紹介されるが、やはり方言だとは思っていない福井人が多いはずだ。ただし、地デジ化でこの状態自体がほぼなくなったので、今後はこの言葉も消えていくかもしれない。

【例文】「テレビが映らん！」「じゃみじゃみか？」（「テレビが映らないんだけど」「砂嵐になってるの？」）

テレビがじゃみじゃみざ
それは砂嵐の画像ざ！

そらそうと＝それはそうとして。

主に嶺南。話題を変えるときの口癖のようになっている人もいる。要するに敦賀弁版の「by the way」のようなものだ。

【例文】そらそうと、このあいだの話、どうなった？（そういえば、前にした話はどうなりましたか？）

▼県外人には理解不能な言葉たち

【た行】

だわもん＝なまけもの、面倒くさがり屋。

【例文】おめえはだわもんやさかい、あかんのや（キミはなまけものだから、ダメなんだ）。

だんね＝べつにいいよ、大丈夫だよ。

先に挙げた「ざ」とのコラボで「だんね～ざ」となる。ざが付いても意味は変わらない。「だんねよ」と言う人もいる。

SING　J　ROYというレゲエアーティストは「だんね～ざ―福井弁の唄―」という曲を発表している。ヒップホップな曲だ。「ユーチューブ」でも見られる。

【例文】「これ、やってもろてええか？」「だんね～ざ」（「これをやってもらってもいいですか」

「いいですよ」）

各地のお土産になっている「方言手ぬぐい」には福井弁バージョンのものがあるが、その西の横綱が「だんね」になっていた。

東の横綱は「いっちょうらい＝一張羅」となっていたが、その意味だけでは横綱というほどの試用頻度はないはずだ。ただし、応用形として「いっちょうらい（いっちょらい）」には、いちばんいいもの、自慢なものというような意味もある。そのため、「イッチョライ節（福井音頭）」もあるし、福井の代表的銘酒である黒龍には「吟醸いっちょらい」がある。それを考えれば、横綱になるのも頷ける。

東の小結には「竹筒＝ちゃんぼ」が挙げられていたが、個人的にはあまり聞いたことがない。ひょっとして、くだんのちゃんぺの語源なのだろうか？　だとしたら、なかなか意味深だ。

ちかっぺ＝ものすごく。

主に嶺北。

【例文】あの子、ちかっぺ、きれいや（あの子、ものすごく美人だ）。

ちゃっちゃと＝さっさと。

基本的には関西弁だが、中部地方、北陸で使われることが多い。

【例文】ちゃっちゃとやりぃ！（さっさとやりなさい）

ちょか＝軽率者、おっちょこちょい。

こちらも関西弁。ただし、使用地域は限られる。敦賀では「ちょか坊」などとも言う。

【例文】ちょかな子やでよ（おっちょこちょいな子だな）。


ちょっぽ＝かわいい子、大事な子。

【例文】あの子はうちのちょっぽさんやさかい（あの子はわたしのかわいい子だから）。

福井弁手ぬぐいでは「愛児＝ちょんべ」となっていた。個人的にはその言い方は聞いた覚えがない。「ちょんべ→ちょっぽ」が活用形なのか、「ちゃんぼ→ちゃんぺ→ちょんべ」が活用形なのか、どちらなのかが気になるところだ。後者だとすれば、韻を踏んでいるようでもあるが、意味合い的には大胆だ。なにせ、「竹筒」→「お×××」→「愛児」となるわけだ。


っさ＝やろうよ。

主に嶺北。

【例文】そろそろ行こっさ（そろそろ行こうよ）。

つるつるいっぱい＝あふれるほどいっぱい。

兵庫県に「つるつるいっぱい」という飲み屋があるが、そのご主人はブログで「嫁の出身地の福井弁です」と書いている。

【例文】つるつるいっぱい注いでな（あふれそうなくらいいっぱいまで注いでください）。

てなわん＝ずる賢い、人が悪い、やんちゃな。

手に負えない、あるいは手に合わないから来ていると思われる。決して褒め言葉ではないが、意味ほどの悪意はない場合も多い。

「てなわんこと言わんといて」などとも言うが、その場合は、「そんなこと言わんとお願いを聞いてなあ」といったニュアンスになる。

【例文】てなわん子やわあ（イヤな子だなあ）。

【な行】

のくてぇ＝のろい、遅い、ダメな。暖かい。

主に嶺北。

【例文】ちかっぺのくてぇ（ものすごくのろまだ）。

▼謎の言葉「ぼー」「びー」

【は行】

はしかい（はしっこい）＝かゆい、すばしっこい、機転がきく。

近畿、北陸、東北、九州などで使われる言葉だが、「かゆい」の意味で使う地域と「すばしっこい、機転がきく」の意味で使う地域に普通は分かれる。福井では「かゆい」「すばしっこい」のどちらの意味でも使うのでややこしい。

【例文】喉がはしかい（喉がイガイガする）。おめえは、はしかい奴や（お前はすばしっこい男だ）。

ひっでもんに＝ものすごく。

語源は「ひどいくらい」だと思われる。「ひっでぇ」と略してもいい。どちらかというと、悪いほうの強調表現して使われることが多い。主に嶺北。

【例文】ひってもんにぶつけて、ひってもんに痛い（すごく強くぶつけてしまい、すごく痛い）。

びー＝女の子。

主に嶺南（敦賀）。女は「ビー」で、男は「ボー」。ボーの語源は「坊」だと思うが、ビーの語源は謎だ。「美女」との説もあるが、「ボー」からの派生語に過ぎない気もする。つまり、「男がボーなら、女はビーでええやろ」くらいのことではないだろうか。語源はわからなくても、よく使う。

【例文】あのビー、わいのこと、なめとるんやないんか（あの女の子は僕のことをあまく見ているようだ）。

こんな言葉をもし高浜虚子が聞いていたなら、「萩やさし敦賀言葉は京に似て」と言ったりしていただろうか。

ほうけ＝そうなの？

一応、疑問符がつくような意味だが、相づちに近い。『ちりとてちん』で和久井映見がよく口にしていた。

【例文】「明日は晴れやって」「ほうけ」（「明日は晴れるそうだよ」「そうなの」）

ほっこりする＝疲れる、ほっとする、うんざりする。

主に嶺南。嶺南では「疲れる」、京都では「ほっとする」、滋賀では「うんざりする」というように、地域によって意味が分かれる。ややこしいが、最近はＴＶでも耳にする。

【例文】あんまり忙しくて、ほっこりしたわ（すごく忙しかったら疲れた）。

ほーや＝そうだよ。

主に嶺北。金沢などでも使われる。
【例文】ほーや、それでええんやって（そうだよ、それでいいんだよ）。

【ま行】

むだかる＝糸などがからまる。
【例文】糸がむだかった（糸がからまった）。

もつけねぇ＝かわいそう。
主に嶺北。
【例文】あの人、病気になったんやて。もつけねぇなあ（あの人は病気になったそうだ。かわいそうだね）。

▼福井弁は逆襲できるか？

【や行】

やしくせえ＝ひきょうだ、いんちきだ。
主に嶺南。書くべきかどうかと悩まれるが、「やし＝香具師」から来ている（つまり「香具師のようだ」という意味）と年長者に教わったことがある。だとすれば、あまりにも偏見が強すぎる。

ただし、僕が子供の頃には、そういう元の意味を知らずに気軽に口にする者は多かった。僕自身、標準語というか全国的に使われている言葉だと思っていたくらいだ。

【例文】あいつ、やしくせえ（あいつはひきょうだ）。


ようけ（ようさん）（ぎょうさん）＝たくさん。

基本的に関西弁だが、西日本で幅広く使われる。

【例文】魚がようけ、釣れたわ（魚がいっぱい釣れた）。

【わ行】

わらびしい＝童のようだ、子供っぽい。

地域によって若々しいというニュアンスをもつこともあるようだが、福井では「いつまでも子供で、成長しない」という意味合いで使われることが多い。

【例文】いつまでも子供向け番組ばっかり見とって、わらびしなあ（いつまでも子供向け番組ばかりを見ていて、成長していない）。


こうして見ていくと、福井弁は汚すぎるというのか、あたたかみがあるというのか。

方言を扱ったテレビ番組で、マツコデラックスは「福井弁、かわいいなあ」と言っていたことがある。まあ、「福井弁が許せない」と言う人もいるようであり、かなりクセが強いのは確かだ。ただ、単に乱暴というのではなく、人間味のある言葉だといえる気はする。

だからこそ、「だんね〜ざ―福井弁の唄―」などという歌までが生まれるわけだ。

舞城王太郎の小説では福井弁がマシンガンのように飛び交っている。

全編福井弁で共通語の字幕がつく『福井青春物語』という映画もつくられた（監督＝森川陽一郎。全国上映されたあと、二〇一二年九月にはユーチューブに高画質版が公開された）。

「だわもん」という文字の下になまけもののイラストがプリントされている福井弁Tシャツなども発売されていたりする。

これだけキャラの濃い言葉なのだから、利用価値はあるというか、使いようがあるにはちがいない。逆襲のキーワードになるようなものではないかもしれないと書いたが、いやいやどうして、捨てたものではない福井弁である。

COLUMN 5
福井県出身の作家が書いた福井を舞台にした「小説」――昭和のかたち、平成のかたち

あらかじめ書いておくが、決して地味な話ではない。僕の好きな小説のうちの一篇、**水上勉の『越前竹人形』**である。

ほら、地味だと思ったんじゃないですか？　なにせ、タイトルからして色気も何もないですからね。

ただこれは、越前の山奥にこもって竹人形を作り続ける竹細工師の苦悩を描いた話などではなく（いや、竹細工師の苦悩を描いた話なのだが）、美しくもはかないラブストーリーなのである。

亡くなった父親の愛した娼妓を、女を知らない竹細工師が嫁にする話だと書けば、屈折した性を扱う話なのかとも思われるかもしれないが、主人公の喜助は、おそろしいほどに純な男だ。詳しい顛末は記さずにおくが、そんな男が思いきった嫁取りをしたばかりに物語は悲しい方向に転がりだしていく。その救いのなさっぷりは、ビョークが主演した映画『ダンサー・イン・ザ・ダーク』にも似ている。救いのないドラマは、時として表現のしようがない読後感や余韻を残す。それがなぜだか後味の悪いものではなく、深く心に沁み込んでいくことがある。

だからこそ、『越前竹人形』も、これほど地味なタイトルでありながら映画化もドラマ化もされたのだろう。この作品から福井人ならではの愛のかたちが読み取れるわけではないけれど、福井県出身の水上勉がいかに素晴らしい作家であるかはわかるはずだ。

参考のために書いておくと、作中、「だるま屋」という言葉が出てくるが、これは女郎屋のような施設を指す表現のひとつ。西武福井店の母体となった「だ

るま屋（だるまや）」とは関係ない。だるま屋は創業者の顔がダルマに似ていたため付けられた店名らしい。

一方、派手な話である。

舞城王太郎の『煙か土か食い物』である。タイトルからして派手だし、なんだかおどろおどろしくもありハードボイルドだ。そして実際は……、まあ、そういう話だ。

詳しいプロフィールは明かさない覆面作家だが、はじめてこの人の作品を読んだときには「こういう作品が書ける鬼才も福井から生まれるんだなァ」と衝撃を受けたものだ。それに嫉妬した部分もあったのか、ある編集者に対して「じつは僕、舞城王太郎なんです」と言ってみたこともある。あやうく信じられそうになったので、すぐに否定した。そう、僕は舞城じゃない。

この作品に関しては、ひと言で概要を説明しにくい。ラップにも似たスピード感ある文章の中で福井弁が飛び交う。「嫌じゃボケ！何で俺が謝らなあかんのじゃ！」「おめえが悪いことばっかするでじゃ！」「ほやでおめえは俺を殴っとるんやろうが！これでおあいこじゃ！」。

詩も出てくる。絵も出てくる。神も出てくる。

ぶっ飛んではいるが、それでもちゃんとエンターテインメントになっているのだから才能がなせるわざとしかいいようがない。

舞城の作品『**好き好き大好き超愛してる。**』は芥川賞候補にもなったが、そのとき、選考委員の石原慎太郎には「題名そのものが、うんざりである」と、ほぼ一蹴された。

それもまあ、仕方あるまい。わからない人にはわからない。

第6章

〝ビジネス王国〟〝IT先進地〟福井の逆襲がいま始まる！

1 〝日本のブータン⁉〟福井が誇る伝統産業

「美しすぎる王妃」

だけではわからないだろうか。

「国民の九七％が幸せと感じている国」

といえばブータンである。

二〇一一年十一月にブータン国王夫妻が来日したときにはずいぶんニュースになった。

そんなブータン王国のことを多くの日本人は忘れかけているかもしれないが、福井人、いや、少なくとも一部の福井人は忘れていない。

とくに福井県知事は忘れていないはずだ。

なぜかといえば、共通点があるからだ。

あるいは共通点があることにしているからだ。

おわかりだろう。

幸せ、である。

▼オバマの次はブータンに接近！

ブータン政府で行なった国勢調査では、四五・一％の人が「非常に幸福」と答え、五一・六％の人が「幸福」と答えたのだという。両者を合わせれば九六・七％である。なるほど、それはたしかに〝幸せな王国〟だ。

対して福井はどうか？

県民調査を行なったとして何％の人が「非常に幸福」「幸福」と答えるかは、正直いってわからない。だが、「都道府県別幸福度ランキング」では堂々の二冠に輝いている。県民の実感はどうあれ、データではそう示されている〝幸せな県〟であるわけだ。

そうであるなら、ブータンとはぜひお近づきになりたい。

こじつけが過ぎるかと思われるかもしれないが、実際に福井とブータンは接近できている。オバマに近づいた（近づこうとした）小浜市もそうだったように、福井人には意外と積極的なところがあるのかもしれない。

西川一誠知事とブータン王立研究所のカルマ・ガワン・ウラ所長とのあいだで相互協力推進の覚書が締結されたのである（二〇一二年三月）。これは要するに西川知事による「福井を日本のブータンにする宣言」だとも受け取れる。

ブータンではGDPよりもGNHのほうが重要だという考え方が浸透しているそうだ。GNHとは何かといえば、前国王が提唱したことからブータンで考えられた「国民総幸福量」なのだという。いわば、国内総生産の幸せ版である。

福井では他県との共同で「ふるさと希望指数（LHI）」なるものを研究しているというのだから、たしかに福井とブータンでは似ている部分もありそうだ。

「豊かであることが必ずしも幸せにはならないが、幸せであれば次第に豊かだと考えるようになる」というのがブータンの理念なのだという。

調査結果からいえば、福井は幸せ先行型となるわけなので、次に目指すべきは〝真の豊かさの獲得〟である。それができたときに福井は、「地味な県」「どこにあるかわからない県」「ビミョーな県」を脱して、誰もにうらやまれる県になれるにちがいない。

▼シェア九〇％以上の「めがねのまち」

福井市内にはブータンミュージアムもできている。

ブータンの考え方に共感したボランティアによって立ち上げられた施設だそうなので、その規模は決して大きくない。というか、地味だ。ただこれは、ブータン王国国外でははじめてのブータン博物館なのだという。

福井には「恐竜博物館」（勝山市）があるだけではなく、「越前がにミュージアム」（越前町）もあるし、「縄文博物館」（若狭町）や「**めがねミュージアム**」（鯖江市）もある。

なんとも〝ミュージアムな県〟なのである。

どうして鯖江にめがねミュージアムがあるのか？

福井人なら誰でもわかることだ。福井県というか**鯖江市は「めがねのまち」**であるからだ。

福井県が日本のメガネフレーム生産の九〇％以上のシェアを占めていることが、全国的にどの程度、認知されているかはわからないが、福井人ならたいてい知っている。

ただ、その歴史までを把握している人はそれほど多くはないかもしれない。

雪深い福井で、農業だけに頼らず地元の暮らしを向上させるため、増永五左衛門という人が私財を投じてめがね職人を招くなどして、めがね作りを根付かせたらしい。それが一九〇五（明治三十八）年のことだ。

その後、パーツごとの分業制が確立されていき、町全体が大きなメガネ工場のようになったのだ。そして東京、大阪とともに三大メガネ産地となっていったが、戦災によって東京や大阪のメガネ生産は機能しなくなった。それに対して福井では生産を続けられたので、戦後に需要が高まった時期にも生産を拡大できた。その後も、世界ではじめてチタン製メガネを生産するなどして、その地位を固めていったのだ。

二〇〇三年には産地統一ブランドとして「**ＴＨＥ２９１（ザふくい）**」も立ち上げ、二〇〇八年には東京の南青山に「GLASS GALLERY 291」というギャラリー兼ショップもオープンした。

日本人の六〇%以上がメガネを持っているともいわれる。その中でこれだけのシェアを占めているのだ。それだけでも福井の財産といえる。

シェアといえば、楽器のハープに関していえば、福井県のシェアは国内一〇〇%だ。それもそのはず、日本でハープをつくっているのは永平寺町にある「青山ハープ」一社だけなのである。

だからといって、競合メーカーがないのを強みにしているだけではない。世界でも二〇%以上のシェアを占めているというのだから、クオリティの高さがわかる。

▼謙虚な福井人の世界に誇れる技術

ところで皆さん、**羽二重餅《はぶたえ》**って食べたことはありませんか?

福井土産の定番になっている和菓子である。駅の売店などでも売られていて、高価なものではない。僕などは子供の頃、**羽二重織**より先に羽二重餅を知ったが、そういう福井人は多いはずだ。それほどお馴染みの存在になっている。だからこそ、福井人に限らず、誰かのお土産でもらって、食べたことがある人も多いのではないかと思う。

羽二重餅はしなやかな絹のような食感が特徴のお菓子だが、羽二重織の手触りも……、きっとそうなのだと予想される。触ったことはない。

かつて上物のサバは京に送って、地元の人間はへしこを食べることが多かったといわれる。それと同じように、一般の福井人は上質の羽二重織を手に取る機会がめったになかったからこそ、このお菓子が生まれたともいわれる。

福井人の謙虚さの象徴のようなお菓子である。

まあ、それはべつにいい。ここで言いたかったのは、羽二重織は羽二重餅より先に福井の名産品になっていたということだ。

それも、「五箇条の御誓文」の草案を書いた由利公正がヨーロッパから絹織物を持ち帰ったことから技術開発が始まったのだという。その後、福井の絹織物産業は大きく発展していった。絹織物に限らず、合成繊維の技術も伸ばしていって繊維全般の総合産地になったのだ。そのため福井には繊維メーカーが多い。僕にしても、敦賀の繊維工場で機械掃除のアルバイトをしたことがある。

このように伝統ある産業をしっかり現代へとつなげられているのが福井といえる。

越前和紙もそうだし、武生の刃物もそうだ。

光の画家と呼ばれるレンブラントが**越前和紙**を使っていたとも考えられることから、福井県が調査に乗り出したということが最近、ニュースになった。越前和紙の質は高い。そこにこうした世界的ニュースバリューが付加されれば、そのブランド力は、より強くなる。いいものを作り続けるのも大事だが、いまの世の中にはおいてはその部分は見過ごせない。これまで福井の伝統産業はそこに目を向けなさすぎた。

七百年の伝統がある**越前打刃物**もそうだ。これまでは作者の名前も出さずに出荷することが多い日陰の存在になりがちだった。だが最近は、「龍泉刃物」が開発したステーキナイフが世界的に認められ、生産が間に合わなくなったりしている。そのことはニュースやドキュメント番組でもたびたび紹介されている。技術があってこその話だが、〝知られること〟も大切だ。古くからの職人気質にこだわるのは技の部分だけにして、これからはどんどん陽の当たる場所に出て行ってほしい。

農業もそうである。

『朝日新聞』では「異端農協の挑戦」として、**JA越前たけふ**が禁断といわれるお米の全量直売に踏み切ったことが取り上げられていた（二〇一四年三月二十六日）。

簡単にいうと、普通は地域農協で集めたお米は、経済連や全農を通して販売するものなのに、それを飛ばして卸業者などに直接販売しているということだ。

〝農家のための農協〟であることを考えたやり方だし、それができたのは、経済連や全農に頼らなくても、自分たちだけで売れるようなお米をつくっていたからだ。

減農薬、減化学肥料によるコシヒカリの「特別栽培米」がそうである。いいものをつくれば引き合いはある。そうなれば従来のやり方に縛られている必要はないということだ。

JA越前たけふでは、お米のおいしさを示す「食味値」、きれいな粒の割合を示す「整粒値」をコメ袋に表記するやり方も取り入れた。そういうこともあって、翌年分までのお米が予約で完売になるほどの人気になっているのだそうだ。

やり方を考え、いいものを作る。そこで終わりにするのではなく、いいものがいいものなんだとわかりやすくする。
そういう努力が実った成果といえる。

▼「えち鉄」が教えてくれること

えち鉄にしても、京福電鉄が廃線となり、困った地元の人たちの要望があったことから、第三セクターとして生まれ変わった鉄道である。

その際には、すぐに利益を出そうと焦らないで済むように、「十年スキーム」なるものが導入されたのだという。運行再開当初、県の負担は相当な額になったが、安全のための資金投入はコストではなく〝投資〟だと考えた。

えち鉄の顔になっているアテンダントにしても、スタート当初は「費用のムダ」という声があったそうだ。

普通に考えれば、きれいな女性のアテンダントがいるならうれしいが、えち鉄を走らせるためには地域の募金活動も大きかった。そのため、ムダと思われることにはお金をつかってほしくないという気持ちが強かったのだろう。それでも、サービスへの資金投入もまたコストではなく投資と考え、アテンダントの導入に踏み切ったのである。

「なんでこんなひとがいるんや?」とお客さんから見られることもあるなかで、えち鉄のアテンダントたちは、自分たちが何をすべきかを自分で考えた。

その努力と工夫によって、えち鉄にとってアテンダントはなくてはならない存在になっていったのである。

「車内でご質問やお困りごとがございましたら、どうぞアテンダントまでお申し付けくださいませ」

最近、えち鉄に乗ったときにも、アテンダントはそうアナウンスしていた。

苦労は買ってでもせよ、ではないけれど、リスクを背負ったり手間を増やすことによって付加価値を生み出せる。

そういうことをえち鉄は教えてくれている。

▼原発と万博と清志郎

福井県は「**原発銀座**」だとも呼ばれる。

「夢のエネルギー」とか「地上の太陽」などという触れ込みで、国をあげて原発の増設に取り組んでいた頃、遠敷郡上中町（現、若狭町）と坂井郡川西町（現、福井市）が、まず建設候補地として名乗りをあげた。だが、上中町では住民が合意せず、川西町は堅固な岩盤がない不敵当地と判断されたため、建設は実現しなかった。

その後に敦賀市と美浜町が有力地として浮上したのだ。一九六〇年代初頭の話だ。それに続いて高浜町と大飯町（現、おおい町）でも誘致運動が始まった。

敦賀発電所一号機の建設工事は一九六六（昭和四十一）年に始まり、美浜発電所の一号機は翌六七年から工事が始まった。

一九七〇（昭和四十五）年、敦賀の一号機は営業運転を開始したが、これは大阪万博の開会式に合わせたものであり、まず万博会場に送電している。その事実は日本中、いや世界に向けてアナウンスされたわけだ。美浜の一号機にしても、追いかけるように同じ年のうちに営業運転を始め、やはり万博会場に送電している。それが大義名分になっていた部分もあったのだろう。

万博の年に僕は三歳だった。万博に連れて行ってはもらったが、ものすごい人だったこと、太陽の塔を見たこと、万博からの帰り道に車酔いしたことくらいしか覚えていない。日本中がお祭り騒ぎだったことはなんとなく感じていたが、原発も含めて、道路や地下鉄の整備など、万博に向けて足早に開発が進められていったという事実はあとから知ったことだ。

以来、福井の原子力発電所は増え続け、十五基にまでなっている。

この本では、その賛否を問うことはしないつもりだ。

ただ、僕の大学時代にRCサクセションの「サマータイムブルース」を聴いたときには、美浜の水晶浜のことかな、とはすぐに思った。カバー曲ではあるが、忌野清志郎は「♪ひとけのないところで泳いでいたら原子力発電所が建っていた」という歌詞をつけていた。事実は定かじゃないが、この詩は水晶浜をモデルにして書かれたともいわれている。

これまでに僕は沖縄などには行ったことがないのだが、水晶浜は日本一美しい海のひとつではないかと思っている。その海から原発が見えるということはやはり複雑だ。

海岸から原発が見えるかどうかはいまさら問わない。ただ、これからもずっと、水晶浜は美しい海であってほしい。そして福井は幸せな県であってほしい。

それだけが僕の願いだ。

▼「越前詐欺」という褒め言葉

「越中強盗（富山）、加賀乞食（石川）、越前詐欺（福井）」という言い方がある。

それぞれにひどい言われようだが、生活に窮したときにどうするかを喩えた言葉だ。信長、秀吉、家康のホトトギスくらべみたいなものである。

強盗や詐欺まがいのことをしてでも生き残るか、なすすべなく乞食になるかといった、いわゆる県民性の比較だ。

福井人の場合、争いごとは嫌いでしたたかで、情報などにも敏感で知恵が回るということからこう言われているのだという。つまり、商売（ビジネス）に向いているということを言い換えて詐欺だと表現されているわけだ。

だとすればこれは、けなし言葉ではなく褒め言葉だと受け取れる。

福井人の武器は粘り強さだけではない。我慢強さだけではないし、手先の器用さだけでもない。

それにプラスして、ビジネスにも長けている。

その力を発揮していけば、「ランキングを見る限りは幸せな県」ということではなく、「本当に幸せで豊かな県」にもなれるはずだ。

2 日本のシリコンバレーにもなれる！ 福井が秘める可能性

ハイテクの分野においても、福井は遅れていない。

それどころか、ある意味、最先端を走っている。

『朝日新聞』やNHKの『ニュースウォッチ9』でも紹介されていることだが、鯖江市は「**日本で最もオープンデータの活用が進んでいる町**」になっているのだ。

簡単にいえば、オープンデータとは、誰でも利用できるように公開されたデータのことだ。

たとえば震災後、文科省が「放射線モニタリング情報」を公開するようになると、そのデータを利用して「全国の放射能情報」をひとめでわかるようにまとめるサービスなどが生まれた。

鯖江でいえば、市が公開したコミュニティバスの情報を利用して、携帯電話でバスの居場所がリアルタイムにわかる地図アプリなどがつくられている。

インターネットを活用して政府や自治体を国民や市民に開かれたものにしていく取り組みは

「オープンガバメント」と呼ばれ、これを推進していくことが世界的な潮流になっている。その分野において鯖江市は日本のトップランナーであるわけなのだ。

まさか！と思う人も多いかもしれないが、事実である。「データシティ鯖江」としてオープンデータ流通推進コンソーシアムの最優秀賞も受賞しているし（二〇一三年三月）、全国的に認められているからこそ、さまざまなメディアで紹介されているのだ。

▼「オープンデータの先進地」になれた理由

鯖江市では、コミュニティバスの運行情報だけでなく、公衆トイレやＡＥＤ、避難施設、駐車場、消火栓、Ｗｉ－Ｆｉスポットなどの位置情報や、気温、降雪量、人口などの統計データが公開されている。

それを活用したウェブアプリが数多く開発され、市民が気軽にそれを利用しているのだ。この分野において鯖江は、まさに先進地になっている。

全国に先駆けてこうした取り組みができたのはなぜかといえば、「jig.jp（ジグジェイピー）」の代表取締役である福野泰介氏が、市を突っつくようにしてそれを求めたことが大きい。

jig.jp は東京に本社を構えているが、鯖江市に開発センター（本店）があるＩＴ企業だ。福井高専を卒業して鯖江に住む福野氏が設立した会社であり、福野氏は鯖江と東京を行き来している。

その福野氏に「鯖江にはもともとそういう土壌があったのか？」を尋ねてみると、次のように答えてくれた。

「それはありましたね。二〇〇六年に初めて牧野百男市長に会ったんですけど、そのときから市長は〝鯖江をITの町にしたい〟と話していました。それで、まずはブログを始めてみてはどうですかと提案すると、数日後にはブログを始めていたんです。TwitterやFacebookも早い段階で使いこなすようになりましたし、なんでもすぐに自分で行動してくれる市長だったのが驚きでした。スマホにしても、これからはスマホの時代になるんで変えましょうと勧めたら、せっかくいまの携帯に慣れてきたのにと話してましたが、次の日にはスマホを買って、その次の日にはスマホからFacebookに写真を投稿していたくらいです。今年（二〇一四年）、七十三歳になる人ですが、とにかくフットワークが軽い人が市長だったのが大きいですね」

自分の住んでいる町を隅々まで知ったうえで必要なサービスやインフラを整備していく。それを日本中、世界中に展開していくビジネスモデルを福野氏はイメージしているようだ。

「利用者に最も近いソフトウェアを提供し、より豊かな社会を実現する」というのがjig.jpの企業理念であるという。それをしっかり具現化しているわけだ。

福野氏は鯖江市内で参加費は無料のプログラム教室も開催している。

どんなプログラムにも応用できる基礎の部分は、意外と簡単なのだというが、そこで学ぶ小学校低学年の子供からおじいちゃんまで、それぞれにオリジナルのアプリを作りだしているそうだ。

子供もおじいちゃんもオープンデータを使ってアプリを作ってしまう町——。

〝めがねのまち〟鯖江は、夢物語ではなく現実にそんな変貌を遂げている。

▼ITと伝統産業のコラボ

「十年ほど前から**鯖江を日本のシリコンバレーに**したいというふうにも話しています。うちの会社は携帯のツールアプリが得意なんですが、その分野に限らず、いろんな会社が集まってきて、情報交換しながらコラボできていくようになるのがいちばんいいかたちだと思っていますから。そうすれば、鯖江市も福井県も盛り上がっていくし、地元に就職したいのに会社がないからといって県外に出ていってしまう人を止められるようにもなっていくはずです」

そんなふうにも福野氏は話してくれた。

鯖江市では新しいまちづくりに女子高校生を参加させるため、市役所に「ＪＫ課プロジェクト」をスタートさせるといった斬新な取り組みもしており楽しみだ。

鯖江に限らず、福井県には、全国に存在が知られているような優秀なＩＴ企業は複数ある。

また、そこで考えられるコラボは、ＩＴ企業同士のものだけとは限らない。

福井県ではいま、「ウェアラブル」の開発に力を入れている。

モバイルの次に来るのがウェアラブルだとも言われるが、これは「腕時計型」「眼鏡型」、あるいは「衣類との一体型」などといったかたちで衣食住に食い込み、体の一部のように持ち歩けるコンピュータのことだ。ＩＴ分野が発達してきただけでなく、もともとメガネと繊維に関しては、全国に誇れる技術を持っているのが福井の強みだ。

たとえばメガネのように目の傍に装着するウェアラブルコンピュータとしては、「グーグルグラス」が発売されている。最近、これに対応したメガネ用フレームが発表されたが、それまでは、目が悪い人はメガネの上にグーグルグラスを着けられないというのが難点になっていた。

その時期に福野氏が鯖江のメガネ工房に相談すると、「こんな感じでどうか」と理想的なグーグルグラス対応メガネを一週間で作ってくれたのだという。難題を難題とも思わせないようにそれができてしまうのはなぜかといえば、これまで百十年間、メガネと向き合ってきたことで培われた技術があるからだ。そういう部分でこれから商品化していけるものは多いはずだ。

ＩＴとメガネや繊維とのコラボは今後、さまざまなかたちで生まれていくことが期待される。

▼変わりつつある福井

福井はいま、少しずつ変わってきている。

たとえば、福井市の国道八号線沿いにある大和田地区などはずいぶん活気が出てきた。二十年前とはくらべものにならないのはもちろん、一年ぶり、二年ぶりといったスパンで訪ねてみても、その変化に驚かされる。

ショッピングモールや大型の家電量販店、さらに福井放送や福井新聞などの新社屋が建ち並び、本当に賑やかだ。

全国的に駅前商店街はシャッター通りになっているところが多い。福井駅周辺でもそうなりつつある一帯はあるが、全体として見れば、全国の駅前商店街のなかでは健全なほうだといえる気はする。そのうえで〝福井の副都心〟大和田地区が元気になっているのだ。

県の人口が八十万人を割ったからといって悲観的になっていることはない。

二〇五〇年を目標年次として、福井では「県都デザイン戦略」が進められている。

気の長すぎる話のようだが、そうではない。福井国体が開催される二〇一八年を短期目標年次、北陸新幹線が敦賀まで開通する見込みの二〇二五年を中期目標年次として段階的に計画を実行に移していこうとしている。

その中では「福井城址」と「中央公園」を一体化して、より歴史を伝えやすくする「福井城址公園」の整備なども進められていくことになりそうだ。

交通体系の見直し、雪や雨に強い歩行者空間の形成といったことも含めて、これからの福井の変化と進化が楽しみである。

北陸新幹線に関しては県内でも賛否両論あるようだが、二〇一五年春には長野―金沢間が開通する見込みであることは無視できない。そうすると、東京―富山間が約二時間十分、東京―金沢間が約二時間三十分となり、移動時間が一気に短縮される。これまで、金沢は東京からの便が悪いのが最大のウィークポイントだったが、それが解消されるわけである。そうなれば北陸は、経済でも観光でも金沢のひとり勝ちになってしまうこともあり得る。

福井人とすれば、そこに危機感をもたざるを得ない。

そんな中にあって福井が、いつまでも空港もなく新幹線も通らない陸の孤島でいるわけにはいかない。だからこそ、二〇二五年を中期目標年次としているわけであり、そこに向けて整備を進めていく意味は大きい。

▼大人も子供も福井が大好き！

二〇一四年四月に公開された、福井の観光プロモーションビデオ『福の便り〜しあわせが届く故郷　福井〜』も、なかなかアピール度の高い作品に仕上がった。

タレントの高橋愛が出演し、福井の名所やおいしいものを紹介していく構成になっている。こういうビデオは福井人だけではなく全国の人に見てほしい。その意味でいっても、公開とともに「ユーチューブ」で配信するようにしたのは気がきいていた。

このように、やることはやっている福井である。

アイドルも起用すれば、ＩＴも利用しているのだ。

「今の私なら素敵な福井をあなたに案内できるかも♥」

高橋愛の手書きの文章によって、このビデオは締められているが、大人になってこそ良さがわかりやすくなるのが福井という県かもしれない。

いや、僕などは福井を離れて福井の良さを知った愚か者だが、最近の小中学生は、ちょっと驚くくらいに地元愛を強くしているとも聞いている。

他県から引っ越してきた小中学生に対して、地元の小中学生が「福井はええ県やさけ。引っ越してきてよかったなあ」などと迎えることがあるというのだ。

さすがは日本一、幸せな県である。

福井ほど「逆襲」という言葉がピッタリくる県はないはずだ。

福井の逆襲。

それは絶対にかなえられる。

エピローグにかえて　苔と化石とカニから始まる未来

いま僕は東京に住んでいるが、できるだけ福井とは行き来したいと思っている。福井に戻ったときには実家のある敦賀市にいる時間がほとんどになりやすいが、福井市内や永平寺周辺、武生（現、越前市）、南今庄（現、南越前町）、三方方面などに出かけるようなことはこれまでにもやってきた。小浜についてはは、最後に行ってからずいぶん時間が経ってしまっているので、一度ゆっくりお寺めぐりをしてみたいと考えている。

そして、この本を書いている途中には、これまで行ったことがなかった恐竜博物館を見ておかないわけにはいかないと思い、勝山市も訪ねてみた。

福井駅でえち鉄に乗り換えて約一時間。勝山では電動アシストのレンタサイクルを駅で借りて

司馬遼太郎も絶賛！「苔寺」とも呼ばれる平泉寺白山神社

（一回五百円）、半日のあいだ、勝山市内を駆け回った。

最初に向かったのは、子供の頃に一度行ったことがあるだけの**平泉寺白山神社**だ。

どうだったかといえば、とにかく衝撃的だった。

境内への入口の坂で一ノ鳥居を見上げたときから胸が高鳴った。

ドキドキである。

それから先も、いい意味で心がぞわぞわとしっぱなしになっていた。

参道の石畳。見事な大木がひしめく杉木立。そして一面に広がる緑の苔。

「苔寺」とも呼ばれる平泉寺白山神社は、町の喧噪とはかけ離れた異世界である。

とてつもないパワースポット感に圧倒されて、両手を大きく広げ、踊るようにして境内を歩いていった。年甲斐もないほど浮かれていた。

僕が行ったのは四月の初旬だったが、梅雨明けの時季に朝日を浴びる苔はさらに見事だそうだ。光と緑のコントラストによって悠久の世界をつくりだすのだという。

「十余年前、ここにきたとき、広い境内ぜんたいが冬ぶとんを敷きつめたようにぶあつい苔でおおわれていることに驚いた。

苔の美しい季節であったからことさらそう思ったのだが、京都の苔寺の苔など、この境内にひろがる苔の規模と質からみれば、笑止なほどであった」

司馬遼太郎は『街道をゆく』の中でそう書いている。

時代と季節は違う。それでも僕は、たまらなく幸せだった。

大げさではなく「生きている喜び」そのものを味わえた。どこかに行ってそれだけの感動を味わえたのは、熊野古道を歩いたときと、このときの二度しかない。


僕が勝山に行ったのは多くの学校は春休みであるはずの平日だった。一時間ほど境内を歩いていて出会ったのは、地元の人と思われる信心深い女性と、夫婦と思われる外国人カップルの二組三人だけだった。

ほとんどの時間、ひとりっきりで幸せを噛みしめられていたのはよかったが、もったいないな、と思ったのも確かだ。

日本三大鳥居にも数えられる大鳥居のある北陸道総鎮守、氣比神宮

福井の観光名所というとまず「**東尋坊**」と「**永平寺**」が挙げられ、次いで「**一乗谷朝倉氏遺跡**」「**丸岡城**」「**氣比神宮**」「**熊川宿**」「**三方五湖**」「**蘇洞門**」などが挙げられることが多い。それぞれにすばらしい場所だし、福井県にはほかにも観光名所はある。だが、平泉寺白山神社が一、二番手にならないだけでなく、十カ所の名所を挙げても漏れることが珍しくないというのはどうかと思う。

こういう場所にはワヤワヤと人が集まってほしくはないという気持ちはやはりある。ただ、これだけのパワースポットは全国を探してもそんなに多くはないはずだ。

岩手県の平泉ではかつて、中尊寺に四十以上のお堂や塔と三百以上の僧坊（僧が生活する建物）があり、毛越寺には四十以上の堂塔と五百以上の僧坊があったといわれる。

対して勝山の平泉寺は、大拝殿を中心にして六千の僧坊が建ち並んでいたともみられているのだ。国内屈指のスケールの宗教都市だったと考えられているのである。

中尊寺の金色堂のようなわかりやすい目玉は現存しないにしても、その場で感じられる圧倒的なパワーは負けていない。

石川県、岐阜県とともに「**霊峰白山と山麓の文化的景観**」として世界遺産登録を目指す動きもあるわけだが、あきらめることなく実現を目指してほしい。

恐竜博物館もすごかった！

行った人はみんな、「すごいよね」「予想以上だよね」と口を揃えるが、そんな言葉は少しも大げさではない。本当にすばらしい施設である。

動く恐竜や複製の骨格もよくできていて、恐竜への関心がとくに強いわけではない僕でも、予想をはるかに超えてワクワクしっぱなしになっていた。

春休みだからか、こちらはさすがに賑やかだった。周りの人たちを見ても、大人も子供もみんな目をキラキラさせていて、誰もが楽しんでいるのがよくわかった。僕の場合は、急ぎ足で勝山市内をいろいろ見て回っていたので一時間ほどしか施設内にいなかったが、体験型の施設も多いので、半日や一日はあっという間に過ごせるはずだ。

少し地味な化石が並んでいるコーナーでは「もう帰る」という子供に対して母親が「あんたなん

か連れてくるんやなかった。もっとちゃんと見させて」と言ってるところを見かけたりもした。

恐竜おたくなどでもない普通の大人たちが、そうして展示物の数々に釘付けになるわけだ。期間限定の特別企画なども開催され、展示物がいつも同じというわけではないので、リピーターになっても楽しめる。

福井県にとってこれは大きな武器である。

開催初年度の入場者数が約七十万人だったのに、二年目の入場者数は二十万人台に落ちてしまった。しかし、二〇一三年度には再び七十万人を超えて、過去最多の入場者数を記録している。そうやって盛り返せたのは運営側の努力の成果にはちがいない。それと同時に、それだけのポテンシャルを秘めている施設だという証明でもあるわけだ。

今後も年間七十万人をキープしていくというのではなく、年間百万人にでも二百万人にでもしていけるのではないだろうか。

勝山にばかり肩入れしたいわけではないが、平泉寺白山神社と恐竜博物館をさらに売り出すことでも福井に人を呼びこめるのではないかと思う。

恐竜ブランドキャラクター「Ｊｕｒａｔｉｃ（ジュラチック）」が活動を始めたように、勝山市に限らず福井県全体としても、今後はさらに〝恐竜王国〟をアピールしていく動きがあるそうだ。

日本の恐竜化石の約八割が福井で発掘されているというのだから、そういうことは今後もどんどんやっていけばいい。

先に紹介した「jig.jp」の代表、福野泰介氏は、鯖江のオープンデータ公開を推進していくにあたり、IT関係者を福井に招くために**「カニがおいしいから」**という口説き文句を使ったりもしていたそうだ。

カニだけではない。

福井を知らない人が福井に来てくれたようなとき、福野氏は、おいしいものを飲み食いしてもらい、めがね会館（めがねミュージアムやjig.jpの開発センターなどがある）や酒蔵に案内するなどして、できるだけ福井の魅力を肌で感じられるようにしているとのことだ。

「IT業界の大物でも福井に来てくれることは意外に多いんです。福井の人が熱心に依頼しているというのもあるし、〝夜にはおいしいものがいろいろあります〟というアピールが効いている部分もあるんだと思います。商用で来てくれた人でも、福井は交通の便が良くないので簡単には帰れない（笑）。それで帰る前に福井への思い入れを強くしてもらう。外から来た人にやさしく真剣に向き合う福井の人たちと交流する場をつくったりすれば、失望して帰る人はまずいません。十回くらい福井に来てくれているベンチャーの世界で有名なコンサルタントもいるし、そういうところから広げていける部分は大きいのではないでしょうか」

そんな福野氏の言葉には多くのヒントが詰まっているはずだ。

強い吸引力をあるものを取っかかりにして、そこだけに限らず福井の良さを知ってもらう。

県外に出ている僕がこうした提案をするのは無責任に聞こえるかもしれないが、福井県が持っている武器にはなかなかのものがある。

恐竜王国、パワースポット、グルメ天国。そして、ひと。

パワースポットは平泉寺白山神社に限らず、ほかにも多い。そういう武器に、**ITや伝統産業、えち鉄、あるいは福井弁などを加えてメディアミックスのように展開していくのも可能**なはずだ。

やり方はいろいろある。

ひと、食、土地、技術といったものはすべて福井の宝だし、忍耐力や学力、体力もある。

福井の逆襲はこれからだ。

『食う寝る坐る』というタイトルの永平寺修行ノンフィクションがあったが、〝食う学ぶ拝む〟でも〝食う飲む遊ぶ〟でも、どのようにでも応用できていく。

そんな福井はやっぱり幸せな県なのである。

【参考文献一覧】

『福井県の不思議事典』（松原信之編／新人物往来社）
『福井県の歴史』（隼田嘉彦、白崎昭一郎、松浦義則、木村亮／山川出版社）
『郷土資料事典18　福井県』（人文社）
『寺院神社大事典　近江・若狭・越前』（平凡社編／平凡社）
『福井県謎解き散歩』（松原信之編著／新人物文庫）
『福井県の歴史散歩』（福井県郷土誌懇談会／山川出版社）
『福井の山と半島』（福井大学ワンダーフォーゲルOB会）
『敦賀郷土史談』（海光堂書店）
『都道府県別全国方言辞典』（佐藤亮一／三省堂）
『日本でいちばん幸せな県民』（坂本光司&幸福度指数研究会／PHP研究所）
『47都道府県幸福度ランキング　2014年版』（寺島実郎監修、日本総合研究所編／東洋経済新報社）
『出身県でわかる人の性格—県民性の研究』（岩中祥史／新潮文庫）
『夜逃げからの出発』（島川丈男／ゴマブックス）
『開高健全集第15巻』（開高健／新潮社）
『眠る盃』（向田邦子／講談社文庫）
『見仏記4』（いとうせいこう、みうらじゅん／角川文庫）
『魔群の通過』（山田風太郎／ちくま文庫）
『敦賀水戸烈士遺徳顕彰会資料』（松原公民館中配布）
『陰陽師』（岡野玲子、原作：夢枕獏／白泉社）
『日日平安』（山本周五郎／新潮文庫）
『日本一短い「母」への手紙　一筆啓上』（福井県丸岡町編／大巧社）
『お茶の時間のお取り寄せ』（秋元麻巳子／角川書店）
『幸福のお取り寄せ』（秋元麻巳子／講談社）
『雁の寺・越前竹人形』（水上勉／新潮文庫）

『煙か土か食い物』（舞城王太郎／講談社文庫）
『ローカル線ガールズ』（嶋田郁美／メディアファクトリー）
『街道をゆく』（司馬遼太郎／朝日文庫）

【参考WEBサイト】

『福井県ホームページ』
http://www.pref.fukui.jp/
『福井新聞 ONLINE』
http://www.fukuishimbun.co.jp/
『福井県のおもしろデータランキング』
http://www.pref.fukui.lg.jp/kids/statics_kiji.php?eid=00017
『ふくいドットコム』
http://www.fuku-e.com/
『越前・若狭特産品コレクション』（福井県物産協会）
http://www.fukui-bussan.or.jp/index.html
『MEGANE MUSEUM』
http://www.megane.gr.jp/museum/
『ウィキペディア』
http://ja.wikipedia.org/wiki/
『goo ランキング』
http://ranking.goo.ne.jp
『Yahoo! 知恵袋』
http://chiebukuro.yahoo.co.jp/
『帝国データバンク　統計・リポート』
http://www.tdb.co.jp/report/index.html
『地域ブランドNEWS』
http://tiiki.jp/news

[著者紹介]
内池久貴（うちいけ・ひさたか）
1967年福井県生まれ。早稲田大学卒業。商社、広告会社、出版社勤務を経て、フリーのライターとして活動。著書に『「社長」と「CEO」のちがい、わかりますか？』（言視舎）。主筆を務めた共著に『なぜ、日本人は？』『スピーク・ジャパン！』（ともにランダムハウス講談社）などがある。

装丁………山田英春
本文イラスト………野崎一人
DTP制作………勝澤節子
編集協力………田中はるか

福井の逆襲
県民も知らない？「日本一幸福な県」の実力

発行日❖2014年7月31日　初版第1刷
2014年9月10日　第2刷

著者
内池久貴

発行者
杉山尚次

発行所
株式会社言視舎
東京都千代田区富士見2-2-2 〒102-0071
電話 03-3234-5997　FAX 03-3234-5957
http://www.s-pn.jp/

印刷・製本
中央精版印刷㈱

ISBN978-4-905369-93-6 C0336